天下文化
BELIEVE IN READING

科學文化　202F

你管別人怎麼想
科學奇才費曼博士

What Do You Care What Other People Think?

Further Adventures of a Curious Character

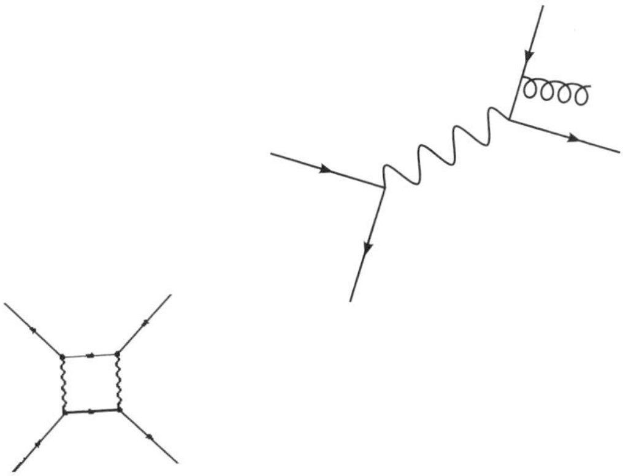

費曼 Richard P. Feynman——著　尹萍、王碧——譯

目錄

WHAT DO YOU CARE WHAT OTHER PEOPLE THINK?

FURTHER ADVENTURES OF A CURIOUS CHARACTER

導讀

勇於做對的事，不要管別人怎麼想

高文芳

路徑積分是探索大自然的鑰匙，費曼圖是看見大自然的捷徑

有人說費曼是魔術師般的天才，也有人笑說費曼是天才俱樂部的亂流。一九六五年的物理諾貝爾獎頒給朝永振一郎、施溫格和費曼，獎勵他們在量子電動力學研究上的貢獻。諾貝爾獎網頁在介紹費曼的貢獻時，特別強調他發明的費曼圖，有效簡化量子電動力學的複雜計算，彰顯費曼的成就和影響遠遠超過那個時代。費曼不但以此自豪，還用費曼圖塗鴉自家的廂型車。外出用餐時，路人會問

「你們的車為什麼都是費曼圖？」費曼的太太還俏皮的回應：「因為我們一家都是費曼！」

費曼圖背後還有更完整的數學結構「路徑積分」，讓我們看見隱藏在微觀世界裡，又神奇、又多樣的面貌。一九八八年，因為「弱電統一場論」得到諾貝爾獎的萬伯格教授，受邀在哈佛給了一系列演講。萬伯格提到，超弦理論的計算如果沒有費曼的路徑積分，將是萬萬不能。話鋒一轉，說很多人抱怨算來算去都看不見「物理」，萬伯格的評語非常有意思：「沒錯，看不見物理的確是路徑積分的缺點，卻也是它神奇的優點！」

科學的價值與愛的故事

原子彈展現科學具有龐大的破壞力，而很多人也都知道，費曼加入原子彈計畫後，展現驚人的智慧，將原本繁複的理論計算，利用現在大家耳熟能詳的平行計算原理，拆成好幾部分同時進行，最後再彙整成正確的答案。這個十倍速的運算方法，就是平行計算的濫觴，原子彈也因為費曼的加入而加速完成。然而，在廣島、長崎先後引爆的核彈，「意外」造成日本民眾慘重的傷亡，這個沉重的消息傳回原子彈基地，多數人還陶醉在戰爭的勝利時，費曼卻是自責到罹患憂鬱症。

科學可以造福人群，也可能毀滅人類努力建立的文明，矛與盾的衝突、糾葛，讓費曼永遠銘記在心，也讓費曼臨終前兩個星期還去學校授課。而本書結語的〈科學的價值〉，講的就是費曼的省思，和對這個世界滿滿的愛，也像是費曼告別人生的最後提醒。

費曼的學生馬可士，他的媽媽是費曼迷，但是不太肯聽兒子「不太有技巧的」講「無趣」的物理。馬可士拜託費曼寫信給他媽媽，請他媽媽聽他講物理。結果費曼寫下一段名言「物理不是最重要的，愛才是」。馬可士抱怨老師幫了倒忙，卻不知這句話不但是費曼的肺腑之言，而且還別有用意：「你兒子想傳達的，是他對父母的愛，不是沒有溫度的物理。」費曼以口若懸河的風采演講，想傳達的就是科學家的愛和責任。

這本書分成三部分：你管別人怎麼想、航太總署的傲慢和科學的價值。「你管別人怎麼想」是費曼特立獨行的行事風格，也是他和初戀情人阿琳相識、相知、相戀的成長故事。這個正視自己特立獨行的風格，不但引領費曼以此方式笑傲江湖，開創一個屬於自己的科學年代，也讓他以幽默風趣的口才說故事，讓我們得以欣賞一代辯士的風采。

費曼的家訓：絕對不要盲目崇拜威權

費曼不服威權的個性，來自爸爸的身教。他在《別鬧了，費曼先生》一書前文的自我介紹裡，跳過一九六五年獲得諾貝爾獎的一段，卻在書裡大篇幅抱怨這個獎帶給他的困擾，在BBC的專訪裡，費曼也提到諾貝爾獎就是威權的象徵，還用哽咽的聲音說「（這個獎）它傷害了我」。因為「抵抗威權」是他爸爸耳提面命的提醒，哽咽的聲音，可以聽出他對亡父的感念，也可以感受這句話對他的影響。

如果沒有不服威權的家訓，費曼或許不可能用費曼圖，在微觀世界的陰霾中點亮一盞明燈，也不會在真相調查委員會為我們找到一點事故的蛛絲馬跡。

航太總署、政府都不想讓你知道事情的真相

太空任務一直是一個非常冒險的挑戰工作，從事這個行業的勇士，多少都有一去不回的心理準備。航太總署傳頌的一則太空人笑話，說火箭第一次送太空人上太空後，地面控制中心就先恭喜太空人成功升空！但是接下來就說：雖然我們還沒弄清楚該如何接你們回來，不過太空船上備有兩年的飲水和食物，兩年內我們一定會想辦法讓你們平安回家。

更有人說一個太空任務有五六〇萬個零件，每個太空級零件只要有百萬分之一的誤差，組合起來，災難出現的機率就會出奇的高。還有，最初的太空任務，地面控制中心的電腦功能只和現今的高階筆電相當。就因為太空任務風險非常高，太空人才會被當成英雄！傳說最早的太空人徵召規劃，是找馬戲團的空中飛人。最後才改成資深的戰鬥機飛行員。阿姆斯壯上月球前，還因為風險過高，找不到願意承保的保險公司，最後只能自己買一堆明信片，出任務前簽好名再寄給家人保存。他想，萬一變成悲劇英雄時，明信片可能還可以賣點錢，留給家人一點點保障。

一九八六年一月二十八日，挑戰者號太空梭事故會引起全民震驚，主要原因是七名乘員之中，除了六位航太總署的專業太空人外，還有一位新罕布夏州的高中社會科老師麥卡莉芙。傳說高中老師上太空是雷根智庫的主意，希望高中老師在執行地球軌道的飛行任務時，實況轉播他和總統、國會的對話，藉此鼓舞民眾、激勵太空研究的發展。

雖然費曼在書中說找不到任何事證，證明天候不宜勉強升空是來自高層的壓力。然而老師上太空這件事，在媒體大肆宣傳下，讓實況轉播的收視率非常高，災難的後座力自然也非常驚人。麥卡莉芙老師因為出生在波士頓，特別受到麻州民眾的關注。因此，升空當天非常多民眾都在看實況轉播，當時在麻州讀書的我當然也不例外，當天也是興奮的守在電視機前面。

然而太空梭升空才七十三秒，就在大家一片驚惶聲下爆炸、化成一片烏雲。不但全美民眾震驚、說不出話、失落和感傷，而且當場親眼目睹悲劇的，還有很多麥卡莉芙教過的學生和親友。事故發生後，所有人都迫切需要心理創傷的撫慰。

我清楚記得，那一天電視台除了一再的重播那個驚悚的畫面，還透過畫面和很多「專家」向全民「保證」，爆炸發生得太快，在太空人有知覺前，太空梭已經化為烏有。太空人不會有任何痛苦的保證，和密集重播的畫面，進行的是一場集體的心理輔導。

沒多久，雷根總統就找了尼克森的前國務卿羅吉斯，組成災難事故真相調查委員會，其中一位委員就是我們的天才物理學家費曼。費曼當時已經歷經幾次癌症手術，身體正在康復之中，很少參加公開活動。因此透過現場直播的公開聽證會看到費曼時，就有人忘情的大喊：「哇，是我們的費曼耶！」

費曼原本覺得華府是「是非之地」，不願意去參加。為了聽到一句「用不著你親自去參加」的建議，他徵詢很多親朋好友的意見。但是，幾乎每個人都說費曼應該去。有人還說只有不按牌裡出牌的費曼，才有可能掀開見不得人的髒汙，找到一點點事情的真相。朋友希布斯回憶，費曼在電話上徵詢他的意見時，費曼聽不到想聽的「你不用去參加」，雙方沉默許久，最後費曼居然丟下一句「去你的」，就把電話掛了。果然，費曼的華府之行，真的為我們留下一段寶貴的歷史見證，見證官方行事的顢頇，和航太總署高層的傲慢。

根據費曼的說明，官方找來的委員有一半是技術專家和學者，包括兩位律師、一位航太週刊編輯、一位科學家、包括阿姆斯壯在內的四位太空人，還有包括費曼在內的四位物理學家。費曼的說明暗示政府找他的目的，只是想找個年邁的諾貝爾獎得主為調查報告的公信力背書。委員會主席羅吉斯，似乎急著完成報告交差，對費曼老是不聽指揮、自主調查感到非常不悅，還在背後抱怨費曼是「背脊後甩不掉的痛」。費曼被告知羅吉斯不雅的抱怨時，若無其事的說「不會啊，我覺得他挺還尊重我的嘛。」

毫不意外，費曼說官方呼嚨他的方法千奇百怪：要一頁資料，先是推拖拉，最後給他一拖拉庫的檔案叫他自己找。要的資料文不對題、公聽會刻意打斷他的報告、要打字人員打字的筆記經常失蹤、不讓費曼的完整報告放在主報告裡，改成容易被忽視的附錄等等。比較可惜的是，除了在庫提納將軍刻意引導下釐清O型環的缺陷外，應該還有其他有待改善的地方，但是主席羅吉斯卻急著在問題沒有完全釐清前，試圖刻意誘導委員通過「鼓勵航太總署繼續發展太空任務」的決議，無心找出更完整的真相。

比如說，費曼在第一場實況轉播的公聽會現場，取出一個放在冰水杯中的O型環，說明變形的O型環，受凍之後無法迅速回復原狀，質疑這個O型環的缺陷，很可能和太空梭出事有些關聯。羅吉斯居然輕忽費曼的質疑，若無其事的說以後會繼續討論這個問題。要不是嗅覺敏銳、早有耳聞的記者在午休時間圍著費曼追問，並在晚間新聞凸顯問題的關鍵，O型環的問題恐怕會不了了之。

除了技術問題，還有人的問題

費曼在附錄裡寫下一句重要的歷史見證：「成功的科技需要依賴事實而非公共關係，畢竟大自然是無法愚弄的」，提醒航太總署不能如此輕忽人命。航太總署為了配合政府的太空競爭，輕忽技術上的不確定性、疏於提醒民眾太空探險的風險，不但讓無辜的太空人冒不必要的風險，也造成民眾心理無法彌補的傷害。

更不可原諒的是，災變後還是不肯誠實面對真相、記取教訓，後來還是一再出錯、一再製造災難。現在回頭看這本書，更能感受費曼的用心，讓大家有機會了解航太總署的傲慢與顢頇。而這份調查報告的附錄，可以說是彌足珍貴的歷史文件。

傳奇的說書人

「你管別人怎麼想」、「成功的科技需要依賴事實而非公共關係，畢竟大自然是無法愚弄的」是這本書的兩個主軸，透過一些小故事讓讀者認識費曼的生活軌跡，也建議政府要面對事故的真相，記取教訓。

費曼是說故事的高手，更喜歡開玩笑。費曼的妹妹瓊安就說，醫生向家屬表示在彌留之際，費曼已經完全失去意識。但是醫生離開病房後，費曼居然奮力舉起雙臂、交叉摩擦，做了一個魔術師要變魔術前的手勢，然後伸出舌頭，扮了人生最後一次鬼臉。這本書記錄了很多費曼講過的故事，看似不相關的兩段大故事，講的都是他對這個世界的愛與關懷。

費曼臨終前朋友想到他即將離開，感到無限哀傷。費曼卻說：這件事自己偶爾也會感到困擾，但是你知道嗎？我說過很多故事，離開人世之後故事還會留著，人生沒有太多遺憾。這本充滿愛的故事，在費曼過完人生第六十九個情人節後，畫下神奇的句點，現在輪到我們用愛寫自己的故事。

（本文作者為交通大學物理所教授）

前言

因為《別鬧了，費曼先生》（*Surely you're Joking, Mr.Feynman*）出版在前，這裡有幾點需要說明。

第一，雖然這兩本書的主角是同一人，但在《你管別人怎麼想》這本書裡，這位「好奇之人的探險」不太一樣。探險過程有的輕鬆有趣，有的充滿悲劇，而且這次費曼先生可是正經八百的——雖然有時候還真難說。

其次，這本書的各篇章比較獨立，不像《別鬧了，費曼先生》那樣按年代編排（結果是有些讀者誤以為那是一本自傳）。我編輯這本書的動機很簡單：打從頭次聽到有關費曼的故事，我就強烈希望講給別人聽。

最後一點是，這本書裡記述的故事來源與上一本不同。上一本的故事多半是我與他練習擊鼓時聽他說的，而這本我規劃的大綱是：

第一部〈好奇的人〉，描寫對費曼性格形成影響最大的人，包括他的父親和他的初戀情人阿琳。第一篇故事採自英國廣播公司（BBC）的電視節目《發掘事物真相的樂趣》（*The Pleasure of Finding Things Out*）。阿琳的故事正是本書書名的由來，卻是費曼不願回顧的痛苦記憶。我把過去十年間費曼敘述的六個有關阿琳的故事編纂起來，費曼看後卻十分喜歡，很願意與大家分享。

第一部當中的另外幾則故事氣氛比較輕鬆，但是費曼對於〈就像數一、二、三那麼簡單〉特別自豪，他還曾經想把這次經驗寫成心理學論文。第一部末尾的幾封信，是費曼夫人溫妮絲女士、戴森（Freeman Dyson）和亨利．貝特（Henry Bethe）提供的。

第二部〈華府之行〉，是費曼此生最後一次重大探險。這故事比較長，是因為內容仍具時效。而本書延遲至此時才出版，是因為費曼在這次任務之後連續動了兩次重大手術（這已經是他的第三次與第四次手術），又接受放射線治療、高溫熱療，以及其他各種治療。

費曼與癌症的十年纏鬥在一九八八年二月十五日告終，去世前兩星期，他還在加州理工學院講課。我因此決定收錄他最動人心弦，最發人深省的一次演講：「科學的價值」，做為本書結尾。

雷頓*謹誌

一九八八年三月

* 拉夫·雷頓（Ralph Leighton）為本書共同著作人。

第一部 好奇的人

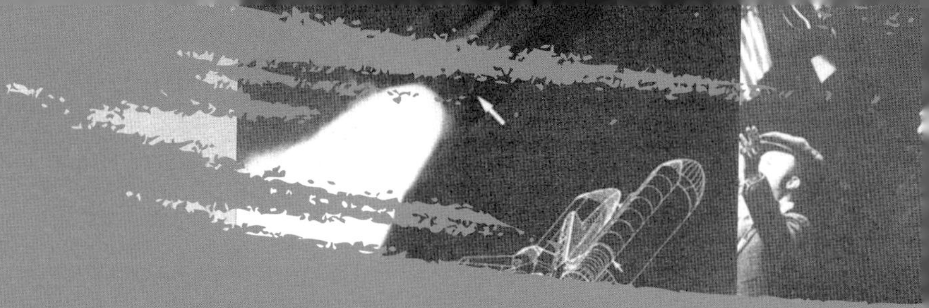

有一年接近五月初時，
羅沙拉摩斯幾乎每個人的信箱
都神祕出現了一份報紙。
打開來，
頭版頭條用粗黑字寫著：
「全國熱烈慶祝費曼生辰！」

第一章

一個科學家的養成

我有一位藝術家朋友，他的觀點有時候我實在難以苟同。他會拈起一朵花說：「看這花多美！」我表示同意。但接著他又會說：「我是藝術家，看得出花的美；你們科學家，卻會想著這花是由哪些部分組成，一切便索然無味了。」我認為他有點神經病。

不說別的，他看得見的美，別人也看得見——當然包括我。我的審美眼光也許不如他，但一朵花的美我總是能欣賞的。另一方面，我在一朵花中所見到的，卻遠比他多得多。我可以想像出花裡的細胞是什麼樣子，而細胞也自有其美。美並不僅存在於肉眼可見之處；微渺的世界裡同樣可尋。

細胞的活動複雜，相關的作用也引人深思。例如花綻放出絢麗色彩，是為了吸引昆蟲為它傳播花粉。這就帶出了一個問題：低等動物是不是也和我們一樣，有審美能力？具備一點科學知識，會引發各種各樣的有趣問題，這只會讓我們在賞花時增添興奮、神祕與敬畏之感，絕不會減損分毫的情趣。

我一向鍾情科學，自年輕時起便全力鑽研。那時我既無時間也無耐心去修習所謂人文課程。大學裡是有些必修的人文課程，我總是能避就避。一直到我年歲漸長，工作比較輕鬆了，我才把觸角伸出一點，開始學畫，讀一些閒書。可是我仍是一個相當片面的人，對人世所知不多。我的智力有限，全投注在一個特定的方向。

我出生前，父親便告訴母親：「如果是男孩，讓他做科學家。」*我還坐在高腳椅上的年齡，父親就搬回人家剩下不要的各種顏色浴室小瓷片。我們一起玩，父親在我的高腳椅上排列瓷片，像骨牌般列出陣式，我從末端一推，它們全倒了。然後，我幫忙重排陣式。不久我們便改採較複雜的排列法：兩塊白的一塊藍的，兩塊白的一塊藍的，這樣排下去。母親看到了就說：「別整這孩子了，他要擺藍的就擺藍的嘛！」

父親卻說：「不！我要讓他知道什麼叫規律，規律是很有趣的，這是初階數學。」就這樣，他很早即開始向我解說這世界，指出其中的趣味。

家裡有《大英百科全書》。我還很小的時候，他便讓我坐在他腿上，讀《大英

* 這裡說得好像只指望男生當科學家，但事實上，費曼的妹妹瓊安有物理學的博士學位。

百科全書》給我聽。唸到關於恐龍的部分，比方書上講到「暴龍」（*Tyrannosaurus rex*），就會有類似描述：「這種恐龍高二十五英尺，頭寬六英尺。」

父親便會停下來，說：「我們想想這是什麼意思。這是說，牠若站在我們的前院裡，頭可以伸到我們二樓的窗戶那麼高。不過，牠的頭可能太大，擠不進我們的窗口。」不管唸的是什麼，他都會盡量轉換成實際可以了解的東西。

想到世上曾經有這樣高的動物，實在讓人既興奮，又著迷——何況牠們全滅絕了，滅絕的確實原因還沒有人知道！我並沒有因此而擔心會有恐龍出現在我的窗前，卻從父親那兒學會了轉換：以後我讀到任何東西，都會設法「翻譯」成實際的例子，了解它真正的意義。

那時候紐約人都喜歡到卡茨基爾山區（Catskill Mountains）去度夏，我們也常去。做父親的只有週末在那兒，週一到週五則都回紐約市上班。我父親週末會帶我到樹林裡散步，講解樹林裡的生態妙趣給我聽。別家做母親的看到了，認為值得仿效，便鼓動自己的丈夫也這麼做，他們不太樂意，轉而央求我父親索性把各家孩子都帶上一起去。我父親不肯，他說他只跟我有特殊關係。結果是下個週末，別家的父親也都帶著孩子去散步了。

到了星期一，做父親的都回城上班了，我們小孩則聚在一起玩。有個孩子問我：「看到那隻鳥沒有？那是什麼鳥？」

我說：「我不知道那是什麼鳥。」

那孩子說：「那是棕頸畫眉。看來你老爸什麼也沒教你！」

其實正好相反。老爸教過我：「看到那隻鳥沒有？那是一隻會唱歌的鳥（我曉得他不知其名）。在義大利文、葡萄牙文、中文、日文裡，牠各有不同的名字，就算你弄清楚了牠在全世界的稱呼，你對牠仍一無所知。我們不如來看看這隻鳥在做什麼──這比較重要。」所以我很小就知道，記誦事物的名稱並不是真正的知識。

父親說：「你看，那鳥不時要啄啄牠的羽毛。看到沒有？牠一面走來走去，一面啄毛？」

「看到了。」

「你想鳥為什麼要啄羽毛？」

「嗯，也許牠們飛行時把羽毛弄亂了，所以要啄理一下。」

「好，」父親說：「若是這樣，牠們剛飛過之後應該會啄得勤些，而停留在地面一段時間後便不太啄了——你聽懂我的意思嗎？」

「懂。」

「我們來看看牠們剛落地時是不是啄得勤些。」

事實不難看出：並沒有這樣的區別。於是我說：「我認輸。鳥為什麼要啄羽毛？」

「因為有蝨子在咬牠。」他說：「鳥的羽毛會分泌蛋白質，蝨子吃這種蛋白質的薄片維生。」

他進一步解釋：「蝨子的足部有一種蠟質的東西，一種更小的蝨子就吃這個，牠們吃下去後消化不完全，排出一種糖類物質，細菌就靠這個滋長。」

最後他說：「所以你知道啦，哪裡有食物來源，哪裡就有某種形態的生物賴之維生。」

我長大以後，得知寄生在鳥羽毛裡的，不見得是蝨子；父親講述的故事，細節不見得完全正確，但是他告訴我的，原則上都對。

另一次，那時我已經比較大些了，他從樹上摘下一片葉子來。葉片上有斑點，一條棕色的細線，從葉片的中央地帶彎曲延伸到邊緣，形成C字形。

「看看這條棕線，」父親說：「在開始的地方比較細，愈向末端愈寬。這是一種蠅，黃眼睛綠翅膀的藍蠅，牠飛到這片葉子上，產下卵，卵孵化成幼蟲，這毛毛蟲樣的幼蟲一輩子就在吃這片葉子——這是牠的食物來源。牠吃過的地方，留下了棕色斑痕。幼蟲愈長愈大，斑痕愈變愈寬。吃到葉緣，牠已長成成蟲——黃眼睛綠翅膀的藍蠅，飛走了，又到別的葉片上去產卵。」

同樣的，我後來知道他所述的細節不盡確實：產卵的也許是甲蟲，但他努力向我說明的正是生命中最引人的部分——生命的歷程一再重演。不管過程多麼複雜，重點就是再來一遍！

我那時沒有體認出父親的偉大。他怎會知道這麼深刻的科學原理，了解科學中蘊含的愛、科學背後的意義，以及科學的價值？我從沒認真問過他，因為我以為做父親的本就該知道這些。畢竟我沒和別家父親相處的經驗。

父親教我細心觀察。有一天，我在玩有軌玩具車，車裡放了一顆球。我推動小車前進時，注意到球也在移動。我跑去問父親：「爸，你看，我推車向前，球卻向車後滾。我一直推，然後猛的停住，球卻滾向車前。這是怎麼回事？」

「沒人知道是怎麼回事，」他說：「普遍的原理是：移動中的物體傾向於繼續移動，靜止的物體則傾向於靜止不動，除非你用力推。這叫慣性定律，可是誰也不知道為什麼是這樣。」他並不只告訴我名稱，並讓我有深入的了解。

他又說：「你若從側面看，可以看出你是從後面推動小車向球的方向移，球則靜止不動。事實上，從車與球摩擦的那一剎那起，就地面位置而言，球是向前移動了一點，並沒有後退。」

我跑回小車旁，把球放回車內，推動小車。我從側面觀察，看到事情正如父親所言：就地面關係而言，球是向前移動了一點。

父親就是這樣教導我的。他舉各種例證，多方與我討論——慈愛的、引人入勝的討論，不施壓力。這是我在往後的一生裡追求知識的動力，我因此對所有的科學都深感興趣。（至於我在物理學上較有成就，只是碰巧而已。）

可以說，我好比是在童年時得到過某種好東西的人，便終其一生都想再次得到，我像個孩子，一直在尋找那些好東西，我知道我會找到——也許不是每次都能，但常常會找到。

大約就在那時，一位長我三歲的堂兄正在念中學。他的代數很糟，因此家裡請了家教。長輩們准我坐在旁邊，聽家庭教師講解代數。我聽到他在講X。

我問堂兄：「你在做什麼？」

「我在求X的值，例如在2X＋7＝15這個式子裡。」

「那不是4嗎？」

「對，但你是用算術算的，現在要用代數算。」

我慶幸自己不是在學校裡學到代數，而是在閣樓裡發現姑母的舊課本，自己學會的。我領悟到代數的用意就是要求出X值，用什麼方法無關緊要。所謂「代數的方法」不過是一套規則，只要照著做，懂或不懂都可過關。這就是堂兄老學不好的原因。

在我家鄉的圖書館裡，有一套數學書，第一冊是《實用算術》（*Arithmetic for the*

Practical Man），第二冊《實用代數》（*Algebra for the Practical Man*），第三冊《實用三角》（*Trigonometry for the Practical Man*）。（我是在這裡學到三角的，但因了解得不透澈，很快就忘了。）十三歲時，圖書館準備買進《實用微積分》（*Calculus for the Practical Man*）。我早從百科全書裡得知微積分是很重要而有趣的科目，應該要學。

我終於在圖書館裡看到那本微積分，非常興奮，向館員借出，她卻看著我說：「你還是個孩子，借這本書做什麼？」

我一輩子少有幾次這樣難堪的經驗。我撒了謊，說是幫父親借的。

我把書帶回家，開始自修微積分。在我看來道理相當簡單明白。父親也開始讀這本書，卻看不懂，我努力向他講解。我沒想到他只有這樣的程度，我因此有些困惑不安。這是我第一次知道，在某些方面我已經懂的比他多了。

除了物理，父親教我的另一件事是不要盲目崇拜。記得我還很小的時候，他抱我坐在膝上，展讀《紐約時報》。他指著報上一張新聞照片給我看，那是許多人向天主教教宗鞠躬行禮的照片。他說：「看看這些人，這裡有一個人站著，其他人都向他鞠躬。你知道他們之間的差別是什麼嗎？這個人是教宗，差別在於他頭上的冠。（若是個將軍，差別就在於肩章。總之是服飾代表的地位。）

「但是，一般人的問題，他同樣也有：他要吃飯、要上廁所。他也是個人。」（順便一提，我父親做的是制服生意，所以他完全了解一個人穿上制服和脫下制服有什麼不同——在他看來還是同一個人。）

想來他很喜歡與我共處。不過有一次，我從就讀的麻省理工學院回家，他對我說：「現在你受過高深教育了，有一個問題我一直不太懂。」

我問他是什麼問題。

他說：「我知道原子從某種狀態轉變成另一種狀態時，會釋出一種叫做光子的東西。」

「對的。」我說。

他說：「那麼光子原先是在原子裡面囉？」

「不，原先沒有光子。」

「那麼，」他問：「光子是哪裡來的？怎麼會出現？」

我向他解釋：光子並不是貯存在什麼地方，它是電子運動所產生的。但我說不清楚。我說：「就像我現在發出的聲音，這聲音原先並沒藏在我身體裡。」（寫到這裡，讓我想起我兒子小時候有一天忽然宣稱，有一個字他不能再說了——後來我們才弄清楚原來是「貓」這個字——原因是他的「字盒子」裡這個字已經用光。我們的身體裡當然沒有「字盒子」這玩意兒，讓你用一個字少一個字。同樣的，原子裡面也沒有個「光子袋」。）

父親對我的解釋不滿意。他不懂的事情，我總是不能解釋得讓他滿意。他覺得失敗了：他送我去上那麼好的大學，希望能找出所有事情的答案，卻不成功。

母親對科學一無所知，卻也對我影響很大，尤其是她的幽默感，讓我了解：歡笑和同情心，是我們所能獲得的最高深知識。

第二章

你管別人怎麼想

我在十三歲左右，不知怎麼常和一群年齡較大、較世故的男孩子在一起。他們認識很多女孩，和她們約會，地點常在海邊。

有一次大夥兒一道去海邊，大多數男孩都帶著女伴到防波堤上去散步。我對其中一個女孩稍微中意一點，不知不覺的說出口：「嗯，我想帶芭芭拉去看電影……」

我才說了這麼一句，旁邊的傢伙立刻興奮得跟什麼似的。他跑到岩石堆那兒，找到了她，推著她回來，嘴裡還大聲嚷嚷：「芭芭拉，費曼有話要跟妳說！」真讓人窘極了。

很快的那些傢伙都跑來站在我四周，催促著：「說呀，費曼！」我只好邀她去看電影。那是我的第一次約會。

我回家，告訴母親這件事。她提供了各種各樣的建議，例如：若是搭公車，下車時我應該先下，然後伸手攙扶芭芭拉。若是在街上走，我應該走在人行道外側。她甚至告訴我可以談哪些話題。她是在承續傳統：做母親的應該教導兒子如何善待下一代女性。

晚餐後，我打扮整齊，到芭芭拉家去叩門。我很緊張。當然，她還沒準備好（女孩子不都是這樣嗎），她的家人請我在餐廳等她。他們在和朋友用餐──一大堆人。他們對我品頭論足：「他好可愛！」之類的。我可不覺得有什麼可愛，那情況實在可怕！

那次約會的情景至今歷歷在目。我們從她家走到鎮上新開的小戲院，一路上談的是鋼琴。我告訴她小時候家裡要我學鋼琴，可是我學了六個月還在彈那首〈雛菊之舞〉（*Dance of the Daisies*），再也不能忍受。

你看，我一直擔心自己太女性化，好幾個星期都在彈奏〈雛菊之舞〉而無進境，太讓我難堪了。我對於有女性傾向這件事十分敏感，有時候母親派我去市場買些小點心，都會讓我不自在。

看過電影，我送她回家，她戴著上好的漂亮手套，我在上面印上一吻。在台階上，我向她道晚安。

芭芭拉說：「謝謝你陪我度過這愉快的夜晚。」

「不客氣！」我回答。心裡快活極了。

下一次我和女孩子（另一個女孩）約會，道別時她也說：「謝謝你陪我度過這愉快的夜晚。」我卻不覺得很愉快。

第三個和我約會的女孩，在分手時張開嘴正要說，我卻搶了先：「謝謝妳陪我度過這愉快的夜晚。」

她說：「謝謝你——呃——是啊，我也覺得今晚很愉快，謝謝你。」

有一次我和那群夥伴參加一個聚會，一個年紀比較大的傢伙在廚房裡教我們怎樣接吻。他和他的女朋友示範：「嘴唇的角度要這樣，鼻子才不會碰到。」於是我走到客廳，找了一個女孩，在長沙發上坐下，一隻手環抱著她，正打算練習這新技術，忽然屋裡一陣騷動，有人在喊：「阿琳來了！阿琳來了！」我可不知道阿琳是誰。

接著有人說：「她在這裡！她在這裡！」每個人都跳起來瞻仰這位女王。阿琳是很漂亮，我看得出為什麼大家都這麼仰慕她，可是人人都停下一切，只因為她來了，這也未免太誇張。

所以，當每個人都圍上去看阿琳時，我還是坐在沙發上，擁著那個女孩。

（後來我和阿琳熟識之後，阿琳告訴我，她記得在那次聚會上，人人都對她很好，只有一個傢伙坐在角落的沙發上，摟住一個女孩。她可不知道，在她抵達之前兩分鐘，每個傢伙都像我一樣！）

我第一次和阿琳說上話是在一次舞會上。她紅得不得了，男孩子都爭著與她共舞，隨時有人「切入」。我也想攪著她共舞，卻拿不定主意何時「切入」。當她在舞池的另一端與人跳舞時，要切入有點麻煩；等他們跳到近處時，機會來了，我卻想：「且慢，這支音樂我不大會跳。」等到音樂換了，我正想上前，另一個傢伙卻搶了先機──只比我快一步！我只好再等等，因為才換舞伴，太快切入不大禮貌。可是等了一會兒之後，他們不是跳到另一端去，就是音樂又換了，或是別的什麼！

這樣捉過一陣子迷藏，我終於不耐煩的自言自語著要和阿琳共舞之類的話。夥伴之一聽到了，便放出話去：「各位，聽著！費曼要和阿琳跳舞！」不久，一個夥伴有了和阿琳共舞的機會，便擁著她向我們舞來，其他人則推我向前，我終於「切入」了。我向她說的第一句話是：「這麼受人歡迎是什麼滋味？」你可以想見我當時的心情。我們只跳了幾分鐘，又有人「切入」了。

我和朋友們都去學交際舞，只是沒有人對外承認。那是不景氣的年代，母親的一個朋友晚間教授交際舞賺一點錢。教舞的地方在樓上，有一個後梯可通，年輕人來學舞不用擔心給人看見。

每隔一陣子，教舞的這位女士便會開一次舞會。我不敢在舞會裡試演舞技，但我覺得在舞會裡女孩子比男孩更不好受。女孩子既不能要求「切入」與男孩共舞，不太漂亮的女孩便只好枯坐在旁，當幾小時的壁花。

我心想：「男孩子很好當：他們隨時想切入就切入。」其實並不那麼容易。男孩子「有權」切入，可是不見得有膽量、不見得抓得住時機，也不見得能放鬆心情，享受跳舞的樂趣。大部分男孩緊張兮兮，不知道怎麼切入，也不知道怎樣邀請女孩共舞。

比如，你看到一個女孩坐在那兒，想邀她共舞，你會想：「太好了，現在我至少有個機會！」事情往往很難：女孩會說：「不，謝謝你，我有點累，想在這裡坐一會兒。」你只好怏怏的走開——轉念又想：也許她真是累了。過一會兒你再回來，卻發現另一個傢伙走向她，而她，站起來與他跳了！也許這傢伙是她的男朋友，先前她就是在等他？也許她不喜歡你的長相？也許什麼也不是。這麼一件簡單的事情卻總是搞得很複雜。

有一次我決定邀請阿琳參加舞會。這是我第一次約她出來。我那些好朋友也都參加了——是我母親邀請的，好為她朋友的舞蹈教室多招徠些顧客。這些傢伙都是我的同學，其中蓋斯特和雷夫偏好文學，史泰普則熱中科學，我們下課後常在一起散步聊天。

好，這群好朋友都來了。他們看到我和阿琳一同出現，便把我拉到衣帽間去，對我說：「費曼，我們知道阿琳今晚是你的女伴，我們不會騷擾你們，不會把她從你身邊搶走。」可是沒過多久，照樣有人「切入」，我的競爭者正是這群傢伙！我總算領悟到莎士比亞的名言「我認為你們要求太多」（Methinks thou dost protest too much）了！

你們一定想像得出我當年的情景了。我非常害羞，覺得別人都比我強壯，總是擔心自己看起來太女性化。別的男孩無不愛踢足球，愛各項運動，而我呢？若有人玩球時不小心把球踢過馬路，我總是害怕球會滾到我腳邊，我不得不撿起球、丟回去──因為我準頭既差，力道又不夠，人人看了都笑。那情景真是難堪。

有一次我應邀去阿琳家參加聚會。大家都去了，因為阿琳人緣太好，人人喜歡她。我呢，坐在一張大圈椅上，無聊得很。就在這時候，阿琳走過來，坐在椅子扶手上跟我聊天。就從那一刻起，我開始覺得：「老天，這世界真美妙！我喜歡的人注意我了！」

那時候，猶太教堂裡附設了一個青年中心，舉辦各種活動，有寫作班、戲劇班、科學班和藝術班。我是除科學外對任何其他科目都不感興趣，但是阿琳參加了藝術班，所以我也跟去了。我很費力的學，試做石膏模型之類的東西（沒想到這些技藝在我晚年派上不少用場），為的就是和阿琳在一起。

但是阿琳的男友傑若米也在這班上，我根本沒機會。我不過是個跑龍套的小角色。

有一次，我不在場，有人提名我擔任青年中心的總幹事，教會裡年紀大些的人為此有些緊張，因為那時候我公開聲明我不信神。

其實我是在猶太教氣息濃厚的環境下長大的。父親每星期五都上教堂，我則上「主日學」，有一陣子我還學希伯來文。也就在那時，父親教我認識世界。每當猶太牧師講述神蹟，例如樹葉無風自動的故事，我便想找出合理的解釋，好符合這個真實的世界。

有些奇蹟不易解釋，不過，樹葉無風自動的現象倒不難。在上學的途中，我聽過那細碎的聲音：風小得幾乎沒感覺，樹葉卻因產生共振而輕微搖動。當時我心想：「啊哈！我找到一個好解釋了！」

可是有些奇蹟我始終琢磨不出道理。例如摩西拋下手杖，化而為蛇的故事。我猜不透當時在場的人怎會把摩西的手杖看成蛇。

若是追溯到我更小的時候，聖誕老人的故事原可以給我一些啟示。可惜那個故事對我的衝擊不夠大，沒讓我學會當一個故事不合乎自然律時，應該懷疑這故事的真實性。幼小時，得悉聖誕老人並不真的存在，我並不難過，反倒鬆了一口氣，因為我一直不解全世界那麼多小孩，怎可能在同一個晚上都收到禮物！原來這事有個簡單的解釋。

家裡慶祝聖誕節，並未把聖誕老人的故事十分當真。但是牧師講述的神蹟牽涉到真實的事物：猶太教堂是大家每週都去的，主日學校是牧師講述神蹟的地方，這一切都不像是虛構。聖誕老人的故事可沒談到教堂之類我確知存在的東西。

所以我上主日學，聽什麼便信什麼，結果前因後果總是兜不攏。最後不可避免一定會發生危機。

真正的危機爆發在我十一二歲時。牧師講述西班牙鎮壓異端的故事，在這個故事裡，猶太人受到極大的磨難。牧師講到一個名叫路得的女子被控以怎樣的罪名，對她有利與不利的辯詞各如何——縷述甚詳，就像是完全根據法院書記官記錄下來的實情。純真無邪的我聽了這些，信以為真——牧師從沒說這是虛構的啊。

故事末尾，牧師描述路得死於獄中的情景：「將死的那一刻，她心想……」諸如此類的話。

這震驚了我。下課後，我去找牧師，問他：「別人怎麼知道她臨死的時候想些什麼？」

他說：「呃，當然了，為了更生動的描述猶太人所受的苦難，我們編造了路得的故事，事實上並沒有這麼個人。」

這對我是晴天霹靂。我感覺遭到惡意的背叛：我要知道真實的情形，不要聽別人編造的故事，我要自己判斷事件代表的意義。可是與大人爭論多麼不易！我只難過得眼淚滿眶，哭出聲來。

牧師問：「怎麼啦？」

我努力解釋：「我專心聽你講了這麼多故事，現在卻難以分辨你說的哪些是真，哪些是假。我不知道學到的都是些什麼！」我想說明的是，在那一刻，我失去了一切的憑藉，不再能確定自己擁有正確的資料。我曾經那麼努力去了解神蹟，而現在——不錯，很多不可解的神蹟一下子真相大白！可是我不快樂。

牧師說：「如果這對你的傷害很大，你何必來上主日學？」

「是我爸媽要我來的。」

我從沒向父母提起此事，也不知道牧師有沒有與他們談過，不過父母自此沒再要求我去上主日學。本來那段時間我就要行堅信禮了。

總之，這次危機是以激烈方式，解決了我探索真理的困難。我知道所有的神蹟都是編造的故事，好「更生動的」說明狀況，有時不免與自然現象相牴觸。但我認為自然現象本身已夠妙趣盎然，不願意硬加扭曲，漸漸的我脫離了宗教信仰。

猶太長老成立青年活動中心，舉辦各種活動，不僅是讓我們這些青少年不致在街上胡混，也是為了讓我們樂於過猶太式的生活。若是我這樣缺乏信仰的人當選總幹事，會讓他們大為尷尬。我沒有當選，雙方都鬆了一口氣。後來青年中心還是關門了——我被提名時本已搖搖欲墜，我若當選，不免要成為代罪羔羊。

有一天，阿琳告訴我，傑若米跟她已不再是男女朋友，他們兩個沒有任何關係了。這對我是大好消息，我有希望了！她邀請我去她家，西衛大道一五四號。我如約到她家門口，天已黑了，門燈卻還沒開，看不清門牌號碼。我不想驚動任何人，只悄悄爬上門柱，摸到門上方的號碼：154。

阿琳要我幫忙她的哲學課家庭作業。「我們在研讀笛卡兒，」她說：「他起先說『我思故我在』，後來卻推論出上帝的存在。」

「不可能！」我說，完全沒想到我是在質疑偉大的笛卡兒。這是從父親那兒學來的反應：絕不因對方是權威而尊敬他，不管話是誰說的，只看他說的是否合理。

我說：「妳怎能從甲推論到不相干的乙？」

「我不知道。」她說。

「那麼，我們來從頭看看，」我說：「他是怎麼說的？」

結果我們看出，笛卡兒的名言「我思故我在」，真意是：只有一件事無可懷疑，那便是懷疑本身。「他為什麼不直說呢？」我抱怨：「他只不過要說明他知道這件事。」

笛卡兒又說什麼：「在可想像的範圍內，只看到不完美的思想，但所謂不完美是對照完美而言的，所以完美必然存在。」（這話開始接近有關上帝的討論了。）

「完全不對！」我說：「在科學上我們有相對程度的近似值，卻不一定有絕對值。我不知道笛卡兒在說什麼，我看是一派胡言！」

阿琳知道我的意思：不管這門哲學看起來多麼偉大，多麼重要，還是可以平常心視之——看他的推演，不看他的結論。「是啊，我想我們獨排眾議並無不可，」她說：「老師常說，任何問題都可以有不同看法，正如一張紙總有兩面。」

「關於這一點，也可以有不同看法。」我說。

「什麼意思？」

我在《大英百科全書》上看過有關麥比烏斯紙條（Möbius strip）的敘述。（我絕妙的《大英百科全書》！）那時候，一般人還不太知道麥比烏斯紙條這一類有趣的事實，但其道理的明白易懂正如今日。兩頭相連的紙環只有一個面，這不是複雜的政治問題，也不需熟讀歷史才能了解。讀這些，像是漫步於無人知曉的奇妙世界，不僅享受到學習的愉悅，也讓自己益發超群絕俗。

我找出一長條紙，一端反個面，兩頭相黏，做成只有一面的紙環。阿琳很開心。

第二天在課堂上，阿琳好整以暇的等老師開口。果然一如往常，他手裡拿了一張紙說：「任何問題都有不同看法，正如紙總是有兩面。」阿琳拿出準備好的紙環說：「老師，就連這個問題也有不同看法：這張紙只有一個面！」老師和同學頓時譁然，阿琳便講解麥比烏斯紙條的原理給他們聽。我相信從那以後，阿琳就對我另眼相看了。

傑若米雖已出局，我卻有了新的對手——我的「好朋友」蓋斯特。阿琳在我們兩人之間舉棋不定。她隨蓋斯特去參加畢業舞會，卻又在畢業典禮上與我的父母坐在一塊兒。

我的科學特優、數學特優、物理特優、化學特優，在典禮中上台領獎多次。蓋斯特則是英文特優、歷史特優，又負責撰寫學校劇本，因此也很出風頭。

我的英文很差，簡直討厭這門課。拼字對或不對在我看來無關緊要，因為那不過是人的習慣，並不牽涉到任何真實之物，也不涉及來自自然的事物，每個字都可以有不同的拼法。我對這些全無耐心。

當時紐約州的高中有一種會考。畢業之前幾個月，我們都參加了英文會考。蓋斯特和另一個文學修養很高的朋友李弗（他是學校刊物的主編）問我，我打算寫哪些書的讀書報告。李弗選定了辛克萊．路易斯（Sinclair Lewis）具有深遠社會影響的作品，蓋斯特則決定寫關於一些劇本的報告。我說我選的是《金銀島》，因為這是一年級英文課的指定教材，我還告訴他們我寫了些什麼。

他們聽了大笑：「老兄，你一定不及格，這麼淺的書，這麼簡單的內容！」除了讀書報告，會考中還列出一些問題，自由發揮。我選的題目是「科學對航空的重要」，心想：「這問題真笨！科學對航空的重要還用說嗎！」

對於這個笨問題，我本想簡單寫寫就算了。但我想起那些自負文才的朋友，總喜歡堆砌詞藻，把事情弄得繁複無比，決定也來試試看。管他呢！我想：「會考既然可以笨到出這樣的題目，我就這麼幹。」

於是我揮動如椽大筆，用了一連串深奧而意思差不多的科學字眼，看起來很有學問的樣子。這是我唯一的一次考試不按正規作答。

改我試卷的那位先生一定是被我用的那些深奧字眼折服了，他給了我九十一分。而我那兩位文思敏捷的朋友都只拿到八十八分——他們選擇的題目是英文老師很容易掌握的。

那一年剛好有個新規定：會考分數九十分以上的，自動成為該科目的榮譽生！所以在偉大的劇作家和主編瞪視之下，我這個物理呆子在畢業典禮上又被叫上台領取英文獎！

典禮過後，阿琳陪我的父母和蓋斯特的父母在大廳說話，數學科主任走過來，他身兼訓導主任，體格強壯、身材高大，個性獨斷獨行。蓋斯特的母親向他打招呼：「哈囉，奧斯伯利博士，我是蓋斯特的媽媽，這位是費曼太太……」

他立即拋下蓋斯特太太不理，轉向我母親說話：「費曼太太，我要鄭重告訴妳，像妳兒子這樣的年輕人真是少之又少。州政府應該資助他這樣的天才。妳一定要讓他念大學，而且是最好的大學！」他擔心我的父母不打算送我上大學，因為那時候很多年輕人高中畢業就得找工作，貼補家用。

我的朋友羅勃便是如此。他也有自己的實驗室，還教過我有關鏡片和光學的種種知識。（他在自己的實驗室裡出過一次意外，打開碳酸瓶子時，不小心翻倒，碳酸濺上了他的臉。他去看醫生，臉上貼了好幾星期的紗布。奇妙的是，紗布拿掉後，他的臉比以前更光滑。我這才知道為什麼有一陣子一些美容手術使用稀釋碳酸。）羅勃家裡很窮，他不得不在高中畢業後立刻開始賺錢養家，科學方面的興趣只好放棄。

我母親向奧斯伯利博士保證：「我們已經在努力存錢，想送他去念哥倫比亞大學或麻省理工學院。」阿琳在場聽到了這些對話，自此我在她心目中的地位略微領先。

阿琳很棒。她是拿騷縣羅倫斯高中的校刊主編，彈得一手好鋼琴，又富藝術天分。我們的家有一部分是她布置的。交往既久，我的家人對她日益熟稔，有時她會與我父親同往林中畫畫。父親上了年紀以後開始喜歡繪畫。

阿琳和我也開始互磨個性。她的家人很有禮貌，很能體貼別人。她教我在這些方面多留意。另一方面，她的家人認為出於善意的謊言無傷大雅。

我卻主張「你管別人怎麼想」。我說：「我們應該聽聽別人的意見，考慮一下，如果覺得沒道理，就別管他！」

阿琳立刻就懂我的意思。我很容易便讓她同意，我們之間應該坦誠相待，有話直說。在這樣的相互了解下，我們相愛日深——是一種無可比擬的愛。

夏天過後，我進了麻省理工學院（哥倫比亞大學由於對猶太學生有名額限制，我不得其門而入）。在校期間，有些朋友寫信來，告訴我「阿琳和蓋斯特出遊」或是「你孤伶伶在波士頓，她卻在此玩得不亦樂乎」等等。其實，我在波士頓有時也和女孩約會，但那並不表示我對她們有意。我知道阿琳也是如此。

大一暑假，我留在波士頓工讀，工作內容是測度摩擦力。當時克萊斯勒公司剛開發出一種新的磨光法，我們負責測試這種方法是不是真的不凡（後來發現並不特別優越）。

阿琳想辦法與我相聚。她在距波士頓二十英里的地方，找到看顧孩子的臨時工作。但我父親擔心我陷溺在與阿琳的感情裡，會荒疏了研究。他開誠布公的與她（或是與我，我記不清了）談過。那時候的社會風氣與今天大不相同，你先要事業有所成就，才能談婚姻。

那年夏天，我只見阿琳幾次，但我們相互承諾，等我大學畢業就結婚。到那時，我認識她已有六年之久。我們相愛有多深，我真是難以言說，不過我們都很篤定要終身相守。

自麻省理工畢業後，我到普林斯頓大學深造，假期裡就回家鄉去看阿琳。有一次我去看她，她的脖子上長了一個疱。她很美，當然不樂見長出這麼個東西，但並不痛，她想大概不要緊，她給當醫生的叔叔看過，他囑咐用油按摩。

過了些時日，疱變大了，她開始發燒。因為燒得更厲害了，家庭醫生就送阿

費曼與阿琳同遊大西洋城。費曼的朋友形容阿琳，「不是迷人，是非常迷人」。

琳去醫院。醫院方面說，她得的是傷寒。我立刻查閱醫書，細讀有關此症的所有說明。

我去醫院看阿琳，她住在隔離病房，我們進去都要穿上特製的罩袍。醫生也在場，我問他包含傷寒菌在內的細菌檢驗結果如何，他說：「結果是陰性的。」「什麼？怎麼會！」我說：「什麼菌都沒驗出，為什麼要做這些隔離措施？也許她得的不是傷寒！」

結果這位醫生向阿琳的父母說了些話，阿琳的父母於是叫我別干涉：「畢竟他是醫生，你只是阿琳的未婚夫。」

我由此得知，這些人根本不知道自己在幹什麼，你若提些建議或有所批評，他們就覺得受到侮辱。但願我那時夠強硬，告訴她父母那醫生是笨蛋——他的確是。可是當時的情況由她的父母主控。

再過些時日，阿琳好些了：腫塊小了些，燒也停了。然而過幾星期，腫塊復起。這次她去看另一個醫生。醫生用手按摸她的腋下和鼠蹊等處，發現這些地方也有腫瘤。他說問題出在淋巴腺，但他不確定到底是什麼病，他要與其他醫生討論。

我一聽到他的說法，立刻到普林斯頓大學的圖書館，查考淋巴疾病。在「淋巴腺腫瘤」條目下，書上說：「㈠淋巴腺結核病：此病很容易診斷出來……」我想阿琳得的一定不是此病，因為醫生都診斷不出。

我再看其他的病：淋巴水腫、淋巴腺瘤、霍奇金氏病等等，全是惡性腫瘤。淋巴水腫與淋巴腺瘤唯一的差別是：病人若很快死了，那得的是淋巴腺瘤；若活下來——至少活了一陣子，那麼是淋巴水腫。

讀過所有關於淋巴腺疾病的醫書之後，我認定阿琳得的極可能是不治之症。接著我嘲笑自己：「大約每一個查閱醫書的人，都以為自己得了致命疾病。」可是，仔細讀過這些書，我真的找不出別種可能。情況嚴重。

查過醫書，我前往巴默堂（Palmer Hall）參加每週例行茶會，一如往常，與眾多數學家談笑風生。我自己也覺得奇怪，好像我有兩副心思一般。

我再去看阿琳時，開玩笑的說查看醫書的人都以為自己得了絕症。但是我也告訴她，我認為問題嚴重，我所能查出的最大可能就是她的病治不好。我們討論了各種淋巴疾病，我告訴她每種病的症狀。

其中一種是霍奇金氏病。她再見到主治醫生時，便問他：「會不會是霍奇金氏病？」

他說：「嗯，有此可能。」

她住進縣立醫院，醫生在病歷表上寫：「疑似霍奇金氏病。」我於是知道醫生並不比我知道的多。

縣立醫院給阿琳做了各種檢驗，又照了X光，還做過幾次特別會診，討論此特殊病例。我還記得守候在醫院大廳裡，等他們會診完畢，護士用輪椅推她出來。忽然會診室裡有一個矮個子跑出來，攔住我們。「告訴我，」他上氣不接下氣的說：「妳有沒有嘔血？可曾咳出血？」

護士說：「走開！走開！這樣問病人成何體統！」把他趕開後，對我們說：「這人是別處來的醫生，每次參加會診總是惹麻煩。這種事情是不該問病人的。」

我當時沒搞懂。那位醫生是在查核一種可能性，我若夠聰明，就該追問他懷疑的是什麼病。

最後，經過多次討論，這所醫院裡的醫生告訴我，他們認為最大的可能是霍奇金氏病。他說：「這病時好時壞，不好時就要住院。但它會逐步惡化，不可能治癒。過幾年就會致死。」

「我很難過，」我說：「我會把你的話告訴她。」

「不行！」醫生說：「我們不想讓病人灰心喪氣。我們要告訴她是淋巴腺熱。」

「那怎麼可以！」我回答：「我們已經討論過，她知道自己得的可能是霍奇金氏病。我知道她的心理一定可以調適的。」

「她的父母可不想讓她知道，你最好先和他們商量。」

家裡每個人都力圖說服我：爸媽、兩位姨母，以及家庭醫生。他們都說，我實在太愚蠢，不了解據實以告會讓那可愛的女孩多麼痛苦。「你怎麼可以做這種事？」他們質問我。

「因為我們有過約定，一定要向對方說實話，要面對現實。欺瞞是沒有用的。她會問我她得的是什麼病，我不能撒謊！」

「唉，那真是孩子氣！」他們又說了一大套，極力遊說我。我認為自己的想法絕對正確，因為我跟阿琳談過這種病，知道她可以面對。

但是最後，我的小妹妹說服了我。那年她才十一二歲，她淚流滿面，搥我的胸，一面說阿琳是好姑娘，而我又蠢又頑固。我再也受不了了。

於是我給阿琳寫了告別書，準備萬一她發現我對她撒謊，這段愛情就此告吹。這封信我隨身帶著。

下定決心之後，我到醫院去看阿琳，她正靠坐在床上，她的父母陪伴在旁，面帶憂色。她看到我，眼睛一亮，說：「現在我知道我們相互坦誠有多麼重要了！」她用下巴指指雙親說：「他們告訴我是淋巴腺熱，我不知道該不該相信。理查，你說，我得的是霍奇金氏病還是淋巴腺熱？」

「妳得的是淋巴腺熱。」我說時，感到心如死灰。那真是糟糕透了。

她的反應很簡單：「哦，很好，那我就相信了。」我們兩人彼此充分信任，因此她的心情完全放鬆了。

有一陣子，她好了些，回家去休養。大約一星期後，我接到她的電話：「理查，你過來一下，我想跟你談談。」

「好。」我伸手摸摸，那封告別信還在身上。我可以意識到是什麼事。

進入她在樓上的房間，她要我坐下，我坐在床尾。「好啦，現在告訴我，我得的到底是淋巴腺熱還是霍奇金氏病？」

「妳得的是霍奇金氏病。」我準備取出那封信。

「天哪！」她說：「他們一定把你折磨得很慘！」

我才剛告訴她，她患了致命的疾病，並且承認對她說謊，她卻只想到我！我羞愧極了。我把信交給阿琳。

「你應該堅持原意的。我們有道理，我們是對的！」

「對不起，我很難過。」

「我了解，理查。下次別這麼做就是了。」

她是怎麼知道的？原來，她像小時候一樣，從樓上的房間偷溜出來，躡手躡腳的在樓梯口窺探家人都在做些什麼。她聽到母親常常在哭，心裡納悶：「我得的不過是淋巴腺熱，媽媽幹嘛哭得那麼兇？可是理查也說我得的是淋巴腺熱，那就錯不了。」

後來她又想：「會不會是理查騙我？」接著設想可能的情況。結論是，雖然聽起來不可思議，但一定是有人把我逼到無路可走，而對她撒謊。

她的應變能力真強，一確定真相，立刻著手處理下一個問題：「好，我得的是霍奇金氏病。現在我們怎麼辦？」

我在普林斯頓有獎學金，若是結婚便要取消。我們知道這病時好時壞，好的時候阿琳可以在家裡待幾個月，壞的時候又得住院幾個月，這情況可能維持兩年左右。

因此我想，雖然我還在攻讀博士學位，我可以暫時休學，到貝爾電話實驗室去找個研究工作，那裡的工作環境很好。我們可以在紐約的皇后區租一間小公寓，皇后區距離醫院和貝爾實驗室都不太遠。我們可以在幾個月內結婚。那天下午，我們把每件事都盤算好了。

阿琳的主治醫生一直想給阿琳做頸部腫瘤的切片檢查，她的父母卻不肯，說是「別去折磨那個可憐的女孩了」。現在我再次勸說他們，說明診斷愈詳盡愈好。有阿琳的協助，他們終於同意了。

幾天後，阿琳打電話告訴我：「檢查報告出來了。」

「哦？結果是好是壞？」

「我不知道。你過來，我們談談。」

在她家，她拿報告給我看，上面說：「檢驗結果是淋巴腺結核。」

我驚駭莫名。這是書上所說有關淋巴腺的第一種疾病！而我略過了它，只因書上說此病很容易診斷出來，而那些醫生一直難以判斷阿琳患的是什麼病，我以為他們一定先考慮過這個明顯病症了。我想起那個跑出會診室問「妳有沒有吐血」的人，他的猜測是正確的，他知道可能是結核！

我覺得自己蠢極了，我錯誤推估事實，高估了那些醫生的智能，否則我早該詢問醫生結核病的可能，那麼阿琳的病歷表上很可能就會填上「疑似淋巴腺結核」的字眼。我真傻。我又上了一課。

阿琳說：「所以我可以再活七年，甚至更久。」

「妳的意思是說，妳不知道這樣是好是壞？」

「嗯，現在我們不能那麼早結婚了。」

本來，我們以為她只有兩年可活時，已經籌劃好一切，現在發現她可以活得更久，她反而煩惱了。不過，我不久便讓她相信，現在的情況更好。

我們知道自那時起，我們要一起面對問題。經過這一切，我們可以面對任何問題了。

戰爭爆發時，我接受徵召在普林斯頓參與曼哈坦原子彈計畫，同時繼續攻讀博士學位。幾個月後，我一拿到學位，立刻向家人宣布要結婚。

父親大為震驚。他看著我長大，認為我會很樂意成為科學家，而結婚會干擾我的事業，他認為我不宜那麼早成婚。他還有一種奇怪的想法，認為女人對男人大為不利，男人永遠要提高警覺，要對女人強硬。再說，我娶了一個患結核病的女孩，恐怕也會染上此病。

全家人都擔心這點——阿姨啦、叔叔啦、全部的家人。他們把家庭醫生帶來，告訴我結核病如何危險，我一定會被傳染。

我說：「你只要告訴我這病是怎麼傳染的，我們會想辦法。」其實我們已經非常小心：我們知道不能接吻，因為口中有很多細菌。

他們很婉轉的說，我答應娶阿琳時，並不明瞭狀況，若不實踐結婚的諾言，每個人都會諒解。

我從來沒有這種想法，家人還以為我想結婚是因為已許下諾言，這太荒唐了。我腦子裡真是沒出現過這念頭，我要結婚跟承諾無關！我們相愛，雖然沒有結婚證書，沒有正式婚禮，但在心理上已經是夫妻。

我說：「做丈夫的發現妻子患了結核病，是不是就該遺棄她呢？」

只有一位開旅館的姨媽認為我們結婚應該無礙，其他人還是反對。可是有鑑於上次他們給我的意見完全錯誤，我的立場更堅定。我既然堅持進行，結果也就沒什麼問題。阿琳與我都確信我們是對的。

我倆籌劃好一切。在距離普林斯頓不遠的地方，有一所黛博拉慈善醫院，阿琳可以住在那裡。我雖加入政府研究計畫，但待遇很低，如此安排，我總算可以照顧阿琳。

我們決定在送阿琳去黛博拉醫院的途中成婚。我先到普林斯頓，向研究生比爾·伍華德借他的旅行車，並稍加改裝成為小型救護車，阿琳累了的話可以躺在後面。雖然這段時期阿琳的病情較緩和，可在家休養，但身體還是很虛弱。

我開車到西達赫斯特去接我的新娘。她的家人揮手道別，我們便上路了。穿越皇后區和布魯克林區，搭渡輪到史坦登島度過浪漫航程，再開車到史坦登島所屬的理查蒙區市政廳去註冊結婚。

我扶著阿琳，慢慢走上樓，到註冊署。那裡的工作人員非常好，立刻給我們辦手續。他說：「你們沒有見證人。」於是他從別間辦公室找來了書記官和會計員，我們便按照紐約州法律結了婚。我們衷心喜悅，相視而笑，互握雙手。

書記官對我說：「你們現在成婚了，你應該親吻新娘。」

這靦腆的新郎官於是在新娘的臉頰上輕吻了一下。

我給每個人一點謝禮，向他們再三道謝，回到車上，駛往黛博拉醫院。

每個週末我從普林斯頓赴醫院探視阿琳。有一次公車誤點，我到醫院太晚，不得其門而入。附近又沒有旅館，還好我穿了老羊皮大衣，暖是夠暖了，只需要找個空間睡覺。我怕到了早上人家從窗戶望出來，看到我太不雅觀，因此找了一個距離住家較遠的地方。

次晨我醒來，發現自己躺在垃圾堆裡，四周遍地的垃圾！我覺得自己好蠢，大笑起來。

阿琳的醫生很好，他看我每個月拿出十八美元的戰爭債券給醫院，就很難過。他看得出我們沒什麼錢，一直勸我不必捐獻。但我還是照捐不誤。

費曼與阿琳以「與病魔賽跑」的心情完婚。阿琳拖著病軀與費曼去辦理公證，很累，可是很開心。

有一次，我在普林斯頓收到一盒郵寄來的鉛筆，筆身是墨綠色的，上面鏤著金色的字：「理查親親，我愛你！貓咪。」是阿琳寄來的（我喊她「貓咪」）。禮物很好，我也同樣愛她。問題是，人難免會漫不經心的遺落鉛筆。比方和指導教授討論方程式或什麼的，就可能把鉛筆忘在他的桌上。別人看到鉛筆上的字會怎麼想？

那年頭物資匱乏，我不願浪費這些鉛筆。於是我拿了刮鬍刀片，刮掉一枝鉛筆上的字樣，看看還能不能用。

第二天早上，我又收到一封信，一開頭就寫：「想把鉛筆上的名字刮掉？這算什麼？」

接下來是：「你難道不以擁有我的愛為榮？」然後是大寫字體：「**你管別人怎麼想？**」

下面是詩：「若你以我為恥，你就是傻瓜！你就是傻瓜！」下一句的意思一樣，結尾是以各種方式表示：去你的。

我只好照用那些刻了字的鉛筆。還能怎麼辦？

沒多久，我奉派去羅沙拉摩斯（Los Alamos）。主持曼哈坦原子彈計畫的歐本海默（Robert Oppenheimer）安排阿琳住在最近的醫院，位在一百英里外的阿布奎基（Albuquerque）。每個週末，我搭順風車去看阿琳，在醫院陪她一個下午，晚上住在附近旅館，星期天早上再去看她，下午又搭順風車回羅沙拉摩斯。

週一到週五，我常會接到她的信。有些信看起來很古怪，例如有一封是用字謎遊戲的空格寫成，但卻剪開來裝在袋子裡寄來。我們的安全檢查軍官為此有點困擾，常給我下條子說：「告訴你太太，我們沒空跟她玩花樣。」我什麼也沒對她說。其實我喜歡她玩花樣，儘管她常常讓我哭笑不得，逃不出她的擺布。

有一年快到五月初，羅沙拉摩斯幾乎每個人的信箱都神祕的出現了一份報紙，打開來，頭版頭條用粗黑字寫著：「全國熱烈慶祝費曼生辰！」

阿琳跟所有人玩把戲，她多得是時間想點子。她雖然住在病房裡，卻像從天涯海角寫千奇百怪的信給我，寄各種各樣的東西給別人。

有一次她寄來一大本廚房用具的產品目錄，是那種監獄之類很多人的大機構才用得著的產品，抽風機、鍋蓋、大湯鍋、盤子等，應有盡有。我心裡打鼓：「這是搞什麼鬼？」

我回想起在麻省理工學院念書時，阿琳曾寄給我一份大船艦目錄，戰艦啦、遠洋客輪啦之類的超大船。我回信問她：「什麼意思？」

她回信：「我只是在想，我們結婚以後，也許可以買一艘船。」

我寫道：「妳瘋啦？這些船哪能買？」

她寄來另一份目錄：都是大遊艇──四十英尺大帆船之類，大富豪買的。她在信上說：「你說那些船不行，也許這些可以。」

我回覆：「請注意：妳太離譜了。」

很快的又寄來了一份目錄，這次是各型汽船，有大有小。

我回信：「太貴啦！」

最後收到一封信：「這是你的最後機會，理查。你一直在拒絕我。」原來，她的朋友有一艘小舟要轉讓，售價十五美元。如果我們買下來，明年夏天就可以去泛舟了。

所以，我答應了。你說，經過這麼多周折之後，我還能拒絕嗎？

現在，這一大套廚房用具的目錄，最終又會引出什麼來呢？下一份目錄寄來了：是中小型旅館和餐廳用的。再過幾天，新婚夫婦廚房用具的目錄也寄來了。

到了週末，我赴醫院，查明了真相。她的病房裡有一套小型烤肉用具，是她利用郵購向百貨公司買的，寬約十八英寸，下面有腳架。

「我想，我們可以烤牛排。」阿琳說。

「這玩意兒，我們怎能在房間裡用，弄得又是煙又是氣味的？」

「不是，」她說：「你可以拿到外面草地上去烤，這樣，我們每個星期日都能吃烤牛排了。」

醫院就在六十六號公路邊上——那是橫越美國的幹線！「我不能這樣做，」我說：「那麼多車子來來去去，人行道上也都是人，我怎能跑到草地上去烤肉！」

「你管別人怎麼想？」（阿琳用這句話折磨我！）「好嘛，」她打開抽屜，一邊說：「我們折衷一下：你可以不戴廚師的白帽和手套。」

她拿出一頂帽子——真的是廚師用的白帽，還有手套。她又說：「穿這圍裙看看，」說著展開圍裙，上面還印著一些可笑的字句，「烤肉大王」之類的。

「好啦，好啦，」我嚇壞了：「我在草地上烤肉就是了。」於是每逢週六或週日，我就會在六十六號公路旁邊烤牛排。

接下來是聖誕卡事件。我到羅沙拉摩斯才幾個星期，阿琳便說：「應該送聖誕卡給大家。你要不要看看我挑的卡片？」

阿琳長期住院，但她保持愉快心情，常常想些新奇花樣，自娛娛人。

卡片都沒問題，可是裡面署名用的是我倆的小名。我抗議：「不行，像佛米和貝絲夫婦，我幾乎不認識他們呀！」

「你管別人怎麼想？」——得到的當然是這答覆。卡片就這麼送出了。

到了第二年，我跟佛米和貝絲已經很熟了：拜訪過他們家，替他們照顧過孩子。

阿琳又說了：「理查，你還沒問過我今年的聖誕卡……」她的語氣慎重。恐懼爬遍我全身：「呃，是啊，我們來看看卡片。」

卡片上寫著「聖誕快樂，並賀新禧。理查及阿琳．費曼敬賀」。「嗯，很好。」我說：「這樣的卡片送給誰都合適。」

「不，」她說：「給佛米和貝絲夫婦以及所有名人的不是這種。」她胸有成竹的搬出另一盒卡片。

抽出一張，賀詞還是老套，署名卻是「費曼博士暨夫人」。

我只好照送出去了。

「幹嘛那麼正式呀，老費？」他們笑死了。他們都很高興看到阿琳在這些小事上找樂子，而我一籌莫展。

阿琳倒不是成天玩新花樣。她製作過一本書分送友人，書名是《中文的音與義》（*Sound and Symbol in Chinese*），我手頭上還保存了一本。書裡是她手寫的五十個漂亮的中國字，旁邊有注解，說明中文的象形、指事之妙。她弄來了宣紙、毛筆和墨，練習中國書法，還買了一本中文字典，尋找有趣的字。

有一次我去醫院看她，她正在練字，自言自語的說：「不行，這個字寫得不對。」

我這個「大科學家」便說了：「怎麼叫不對？不過是相沿成習的看法罷了，又沒有人規定怎樣叫好看，妳愛怎麼寫就怎麼寫。」

「我是說，這個字寫得不夠藝術。這是對稱問題，美感問題。」

「可是我看它和別的字一樣好看呀！」

「你來，」她把毛筆拿給我：「自己寫一個來看。」

我就寫啦，看看又說：「等等，我重寫——這個寫得歪歪扭扭的。」（我總不能說「寫得不對」吧！）

「你怎麼知道這個字不該歪歪扭扭的？」她說。

我懂她的意思了。中文字一筆一畫都自有其規矩，寫起來才好看，至於是怎麼樣的規矩，我說不上來。只是我從此知道它是有規則可循的，我對藝術著迷便由此始。

剛好在這時候，妹妹從就讀的大學寄了張明信片給我，上面用鉛筆畫著小小的符號——是中文！

瓊安小我九歲，學的也是物理。有我這樣的哥哥，對她是很大的壓力，因此她總想找些我不會的東西來難倒我。她偷偷的學了中文。

我一個中國字也不識，可是素來就喜歡解謎。到了週末，我拿著明信片到醫院去，阿琳教我怎麼查中文字典：先找部首，再算筆畫。我查出每一個字都有好幾種意思，要把幾個字放在一起才知其所指。

我憑著極大的耐心，琢磨出來了。瓊安說的是：「我今天很開心。」可是另一句話我不解：「昨天我們慶祝造山節。」我想她一定寫錯了。（後來才知道她那個大學真的有「造山節」這玩意兒，我譯得沒錯！）

我在阿琳寫的書裡來來回回的找，挑出四個可以放在一起的字，一遍又一遍的練習，我用大張紙寫大字，每個字都寫五十遍，直到挑得出寫得不錯的字，送請阿琳審核通過後，把四個字首尾相連貼起來，上下加木條，可以如卷軸般懸在牆上。我先用照相機拍下這得意傑作，然後把卷軸寄給瓊安。

瓊安收到後，打開來，卻看不懂。她拿去問老師。老師說：「寫得不錯啊！妳寫的嗎？」

「呃，不是。這寫的是什麼？」

「老哥也會。」

我真是大混蛋，從來不肯讓小妹妹占一點上風！

阿琳的身體開始轉壞，她父親從紐約來看她。戰爭期間，跑那麼遠不容易，又很花錢，但是他知道時候快到了。有一天他從醫院打電話給我：「你快來！」他說。

我早就安排好，緊急情況時可跟羅沙拉摩斯的朋友福斯借他的車，趕到醫院去。一路上我載了兩個搭便車的人，為的是萬一路上出狀況有人幫忙。

果然我們快開到聖塔菲時，輪胎爆了一個。我的乘客幫著換上備胎。可是出了聖塔菲，剛換上的備胎又爆了。幸好附近有一個加油站。我耐心的站在那裡等工人先料理別人的車，我那兩位知情的乘客卻走過去向工人告急，他立刻先替我補好了胎。為了節省時間，我們決定不補備胎。

我們繼續上路，後來才想起匆促之間沒向加油站工人道謝。只差三十英里路，又一個輪胎爆了！我們只好棄車，改搭別人的便車。到了阿布奎基，我打電話給拖吊公司，代我處理那輛車。

我在醫院裡找到了阿琳的父親。他來幾天了。「我再也受不了了，」他說：「我得回家了。」他非常沮喪，就這麼走了。

看到阿琳時，她情況很不好，神智不太清楚，大部分時間雙眼直視前方，有時轉眼看看四周。她呼吸困難，每過一陣子便有一口氣緩不過來。這情況持續了幾小時。

我出去散了一會兒步。奇怪自己沒有想像中應有的那種感覺。也許我是在欺騙自己吧！我不快活，可是也沒有痛不欲生，可能是因為我們早就知道有這麼一天。

這很難說清楚。如果有一位火星人（想像中他是不會自然死亡的）來到地球，看到人類只有七八十年的壽命，死亡等在前面，他可能會覺得這樣活著心理壓力太大了——明知生命如朝露，來日無多。然而我們地球人已經學會了面對這問題：我們歡笑、嬉鬧、生活下去。

對我和阿琳來說，不同的是我們沒有五十年，而是五年。只是數量之差而已，心理狀況是一樣的。要是我們想著「別人都有五十年」，這事情就難以面對了。可是我們何必這麼傻？何必自怨自艾：「我們為什麼這麼倒楣？上帝為什麼如此待我們？我們到底犯了什麼錯？」而生活在愁雲慘霧中呢？認清狀況，接受事實之後，便可看出這些怨歎都不必要，也無濟於事。有些事誰也不了解，我們的處境不過是生命中的意外。

我們曾經一起度過許多美好時光。

回到病房，我開始想像她身體內的狀況：肺沒法吸入充分的氧，頭腦因此不清，心臟也衰弱下來，結果是呼吸更加困難。我希望發生一種類似雪崩的效應，瞬間把一切都埋葬。可是事情完全不是這樣：她只是漸漸昏迷，呼吸愈來愈微弱，直到停止。

護士進來，確定阿琳已死，便走了出去。我想獨處，在那兒坐了一會兒，才俯身過去，最後一次親吻她。

我很驚訝的發現，她的髮香一如往昔。當然，後來想想，髮香沒理由那麼快起變化。可是當時我確實感到震驚，因為在我心中，像是才發生了什麼天大的事，卻又像是什麼也沒有發生。

第二天我去太平間，管理員給了我從她手上取下的戒指，問道：「你要不要再看她最後一眼？」

「再看──不，我不想再看她了。」我說：「我剛看過。」

「不過，她現在化好妝了。」

這些斂葬儀節委實令我不解。人都不在了，給屍體化妝幹嘛？我不想再看阿琳了，那只會讓我更難過。

我打電話給拖吊公司，取回車，把阿琳的遺物放進後車廂，載了一位順風客，駛出阿布奎基。

才走了五英里路，砰！又一個輪胎爆了。我破口大罵。

順風客看著我，好像我心理不正常：「不過是一個車胎爆了，對不對？」他說。

「是啊，不過是一個車胎——然後又一個、又一個、又一個！」

我們換上備胎，慢慢的開，一路開回羅沙拉摩斯，沒有再爆胎。

我不知道怎麼面對那裡的眾好友。我不要他們哭喪著臉跟我談阿琳的死。有人問我出了什麼事。

「她死了。你的計畫進行得如何？」

他們立刻明白我不想多談。只有一個人表達了同情之意，原來我回羅沙拉摩斯時他剛好出城去了，所以不知道我的態度。

一晚我做了個夢，阿琳出現在夢中。我馬上對她說：「不行，不行，妳不能在我的夢裡出現，妳已經死了！」

後來我又夢見阿琳，我又說：「妳不能入我夢中！」「不是這樣，」她說：「我捉弄了你。我厭倦你了，所以設下這個計策，好拋棄你。可是現在我又想你了，我就回來。」我的頭腦努力抗拒心靈，連在夢裡也要解釋清楚她為什麼出現！

我一定是做了一些心理調適，大約過了一個月才哭出來。那天我經過一家百貨公司，看到櫥窗裡掛著一件漂亮的衣服。我心想：「阿琳會喜歡的。」一下子悲從中來。

第三章

就像數一、二、三那麼簡單

我在小時候有個朋友叫華克，我倆在家裡都有「實驗室」，做各種「實驗」。大約是十一二歲的年紀，有一次我們在討論什麼事，我說：「思考就是在心裡對自己說話。」

「是嗎？」華克說：「你可知道汽車的機軸長什麼怪樣嗎？」

「知道啊，怎麼樣？」

「好，那麼你說，你在心裡對自己說話時，怎麼形容這機軸的模樣？」

就這樣，我從華克那兒學到，思考可以是敘述式的，也可以是影像式的。

後來進了大學，我開始對「夢」產生興趣。我奇怪夢中的景象怎會如此逼真，彷彿眼睛雖閉，光仍映射在網膜上似的。是不是網膜上的神經細胞真的受到了另一種刺激，例如直接來自腦部的刺激？或者是腦袋裡有一個「審判司」，做夢時便大發議論？心理學從沒給我滿意的答覆，倒是談了很多夢的解析。

我在普林斯頓念研究所時，有人發表了一篇很驢的心理學報告，頗激起了一些爭論。作者認為，腦中控制「時間感」的是一種與鐵質有關的化學反應。我心想：「他怎麼知道？」

原來，他的太太患一種慢性熱病，熱度時升時降。他不知怎的想到來測試她的時間感，要她不看鐘錶，自己計秒，看看她數到六十時究竟是多久。這可憐的女人便從早到晚計數，結果他發現熱度高時她數得快，熱度退下時數得慢。因此他認為，腦中控制「時間感」的那東西，一定是在她發燒時活動得快些。

這位非常「富有科學精神」的心理學家知道，化學反應會隨周遭溫度的變化而不同，而且每種化學物質的反應強度自有其規則可循。他估量妻子計數速度的改變，歸納溫度與速度的相關係數，然後尋找符合這係數的化學反應。他發現鐵最符合。因此結論便是：他妻子的時間感是由體內一種與鐵有關的化學反應所主宰的。

這一切在我看來太荒謬：一長串過程中有太多可能出錯的地方。但是問題確實有趣：「時間感」是什麼造成的？計數時，怎麼知道該間隔多久？要改變間隔長度時該怎麼調整自己？

我決定著手研究。先是不看錶的計數，以緩慢而穩定的速率數到六十。但我數到六十時，其實才過了四十八秒。這沒關係，重點不是剛好符合秒數，而是以標準速率計數。第二次數到六十，花了四十九秒。第三次，四十八秒。以後是四十七、四十八、四十九、四十八、四十八。這是說，我可以用相當穩定的速率計數。

接下來，我不計數，靜待我認為一分鐘的時間過去。結果很不規則，我發現單憑猜測估計一分鐘長度很不準，遠不如用計數的方式。

下一個問題是：速率是怎麼定的？

也許和心跳速率有關。我於是上下跑樓梯，讓心跳加速，然後跑進房間，躺在床上，計數到六十。

我也試著在跑上跑下之際計數。

有人看見我上上下下，就笑：「你在幹什麼呀？」

我沒法回答——也因此發現在心裡計數時沒法開口說話。只好像傻瓜一樣，繼續跑上跑下。

（研究所那些傢伙已經習慣看我的傻樣子。有一次我在做「實驗」時忘記鎖門，有個傢伙闖進來，看到我穿著羊皮厚大衣坐在椅子上，嚴冬中卻把窗子大開，頭伸出去，一手拿瓶子，另一手在攪拌，見他進來便說：「別打擾我，別打擾我！」我是在攪拌果凍，想看果凍在不斷攪動下，如何能在冷空氣中凝結。）

總之，試過各種情況下的計數之後，我很驚訝的發現，心跳頻率並無影響。又因為我跑得很熱，料想體溫也與之無關（當然，我應該知道運動並不會使體溫升高）。事實上，我沒發現有什麼會影響我的計數速率。

跑樓梯很無聊，我就手裡做著事，心裡計著數。例如我送洗衣服時，要填表說明共是幾件襯衫、幾條長褲等等。我發現在「褲子」項下填三或「襯衫」項下填四很容易，但襪子卻數不清，因為我的「計數機器」已經在使用之中（三六、三七、三八），而眼前又有這麼多襪子要數（三九、四十、四一）……。我怎能同時計算兩種數字？

我想到可以用幾何圖形做輔助。例如排成四邊形，每一個角上一雙襪子，那麼就是八隻。

這種以規格計數的遊戲再玩下去，發現我可以算出報紙上一篇文章的行數：三行一組、三行一組、三行一組，再加一行，便成十。三個十行、三個十行、三個十行，再加一個十行，便成一百。這樣整版的計算下去，同時心裡仍在固定計數，每數到六十，我知道行數數到哪兒了，我會說：「數到六十，共是一百一十三行。」後來我甚至能一邊計數一邊讀報，毫不影響速率！再來，我做什麼事時都能默默計數——當然，大聲說話時例外。

打字行不行呢？把書上的字句打出來，還能計數嗎？我發現也可以，但是這次速率變了。我很興奮：終於找到影響我計數速率的事了！我繼續追查。

簡單的字句我可以打得很快，同時在心裡計數。可是——咦，這是什麼字？哦，是這個意思——我繼續數，到六十時，超過通常時間了。

我思索了一下，又觀察了一會兒，知道一定是遇到難字時「需要比較多的腦筋」，計數便中斷了。計數速率沒有慢，又因為從一數到六十已成自動動作，先前我根本沒注意到有中斷現象。

第二天早餐桌上，我把實驗過程源源本本說給同桌的人聽。我說計數時我什麼事都可以做，唯獨不能說話。

座中有個叫塔基的同事，說：「我不相信你可以閱讀，也不認為你不能說話。

我敢打賭我計數時可以說話，你計數時不能閱讀。」

於是我就表演了：他們給我一本書，我一邊計數一邊看，數到六十時我說：「到了！」——正是四十八秒，我的固定時間。接著我說出書中內容。

塔基大感興趣。我們便測試他從一數到六十需要多少時間，試了幾次，確定之後，他開始一邊計數，一邊說話：「瑪麗養了一隻小綿羊。我想說什麼就說什麼，全沒關係；我不知道你為什麼不行。」等等等等。最後他說：「時間到！」真的剛好是他的固定時間！我簡直不敢相信！

我們稍加討論，發現此中確有不同：原來塔基以視覺方式計數，在他眼前似有數目字不斷流過，所以他說話時，仍可「看到」數字！而我，因為是用「口述」方式計數，所以不能開口說話！

這以後，我嘗試在大聲朗讀時計數——這原本是我們兩人都做不到的。我猜想這得運用一部分頭腦，是與視覺和說話都不相干的部分，決定試試手指，也就是利用觸覺。

很快我就可以一邊扳手指一邊朗讀了。可是我希望整個過程都僅限於心靈，而不要動用肢體活動。於是我在朗讀時想像扳手指的情況。結果始終不成。我猜是練習不夠，但是也可能根本做不到——我從沒見過誰能做到的。

不過，塔基和我從這次實驗中發現，縱然以為所做的事相同，各人頭腦裡進行的仍然互異，連簡單到數一、二、三這樣的事亦然。我們也發現可以從外表客觀的測試頭腦的活動：不必問人他以何種方式計數，只需觀察他在計數時可以做什麼、不能做什麼便知。這種測試很準，作不得假。

用腦中已有的名詞去解釋一種理念，是很自然的事。概念就是這樣堆疊而成。可是理念的基層，卻是如此因人而異！

我常想到此事，尤其是在教授某些特殊的數學技巧時，例如積分「貝色函數」（Bessel function）。我看到方程式，便覺得那些字母有顏色，原因說不上來。我一邊講課，一邊覺得貝色函數從書本中隱約浮現，四處飛躍。函數中的 j 是淡褐色，n 是淺紫藍，x 是深棕色。真不曉得在學生看來這是怎麼一幅景象。

第四章

力爭上游

早在一九五〇年代，有一次我乘船從巴西回美國，途中在千里達島靠岸遊玩一天，我決定去主要城市西班牙港逛逛。那時候，我每到一個城市，最感興趣的是去貧民區看看社會底層的生活狀況。

我信步在黑人區閒走，一輛計程車在我身邊停下，司機喊道：「喂，老兄，你想逛市區？只要五塊錢就行！」

我說：「好呀！」便上了車。

司機要載我去看宮殿，他說：「我帶你去所有的觀光地點。」

我說：「不要，每個城市的觀光地點都差不多。我要看貧民區。」

「哦！」他頗感意外：「我很願意領你去看，請仔細看，因為我有問題要問你。」

他帶我到東印度人的居住區，在一間水泥房子前停下，房子裡空空如也，外面的階梯上有一人坐著。「看見那人沒有？」他說：「他有個兒子在馬里蘭州學醫。」

他又找了附近的一個人來，讓我看個仔細。那是個女人，有好多蛀牙。

車子再次停下，他介紹兩位他仰慕的女士給我認識：「她們合攢了一筆錢，買了縫紉機，現在在這裡做裁縫。」他驕傲的說。他向她們介紹我：「這人是教授，他想看看我們社區哩！」

東看西逛，最後司機說了：「好啦！教授，我要問的是：你看這些東印度人，和黑人一樣窮，有的甚至比他們還窮，可是都肯上進——送兒子去念大學啦、開裁縫店啦。我們黑人卻不上進，為什麼？」

當然，我只能說我不知道（事實上，這幾乎是我對每個問題的答案），但他不依，他說我既然是教授，不能說不知道。於是我努力猜想可能的原因，說：「東印度人也許有好幾千年的宗教與哲學傳統，現在雖已遠離印度，生活中的許多傳統仍然流傳下來。他們重視創建未來、培育子女，可能就是基於多少世紀以來的遺風。」

我又說：「你的同胞則不幸沒有機會發展出這樣悠久的傳統，或者本來有的，卻在被征服和奴役的過程中失去了。」我也不知道實情是否如此，只是盡我所能的猜測。

司機認為我觀察入微，他說他也在規劃未來：他投資了些錢在賭馬上，若贏了，便要買一輛屬於自己的計程車，然後真的好好幹。

我很為他難過。我說賭馬是很不好的做法，但是他堅持那是他唯一可做的投資。他的用心雖佳，可惜靠的是運氣。

我沒打算大談人生哲學，他便載我到演奏土著音樂的地方度過了一個愉快的下午。

第五章

旅舍城的故事

有一次我在日內瓦參加一項物理學界的會議，閒暇時四處走走，偶然走過聯合國大廈。我心想：「唔，應該進去瞧瞧。」當時我服裝不算整齊：髒兮兮的褲子、舊兮兮的外套，沒想到進去之後卻有導遊帶領參觀。

參觀過程很有趣，但最吸引我的是那碩大無比的演講廳。你知道那些國際大人物都很誇張，所以本來不過是一個講台，在這兒卻得爬上好多層階梯，才能走到那木製的巨大講桌，講台後方更有一幅寬大的螢幕，前方則羅列著坐席。地毯高貴優雅，高大的門裝著銅製把手，非常漂亮。演講廳上方四面都有鑲落地玻璃窗的小隔間，是給各種語言的即席翻譯員工作之用。這地方真華麗，我一直想：「唔，在這種地方演講真不知道是什麼滋味！」

走過演講廳，我們沿外面的走廊前行，導遊指著窗外說：「看到那些還在興建的房子嗎？六個星期以後，原子和平會議就要首次在那兒舉行。」

我忽然想起來，葛爾曼（Murray Gell-Mann，一九六九年諾貝爾物理獎得主）就是要在那項會議中演講當前高能物理學概況。我的演講安排在全體會議中，因此我問導遊：「那項會議的全體會議在哪兒召開？」

「就是我們剛剛走過的那間。」

「噢！」我歡喜的說：「那麼我要在那裡發表演講了！」

導遊垂眼看看我的髒褲子和邋遢外套。我知道這話在他聽來實在不可理喻，但那一刻我確實是既驚又喜。

又往前走了一段，導遊說：「這是各代表進行非正式聚談的休息室。」通往休息室的門上有一些方形小窗，看得到裡面有幾個人坐在那兒說話。

我向窗裡望去，看到我認識的俄國物理學家塔姆（Igor Tamm，一九五八年諾貝爾物理獎得主）正坐在裡面。「咦，」我說：「我認識那個人。」便開門進去。導遊大叫：「不行！不能去那邊！」此刻他一定更相信我是瘋子了。可是他不能來追我，因為他自己也是不准進入這道門。

塔姆認出我，露出歡喜的表情，我們略談了幾句。導遊鬆了一口氣，拋下我，繼續帶隊參觀。後來我跑步趕上他們。

在物理學會的會議上，好朋友巴查（Robert Bacher）對我說：「注意，原子和平會議召開時，此地旅館一房難求。如果你還沒有預訂房間，我建議你拜託美國國務院幫忙安排。」

「才不要！」我說：「我才不要國務院幫我辦一丁半點的事兒！我自己可以辦。」

回到所住的旅館，我告訴櫃台人員我再住幾天就走，但是夏末還要來：「可否為我預留房間？」

「當然可以！請問你何時再來？」

「九月的第二個星期……」

「啊，真糟糕，費曼教授，那時候我們沒有空房。」

我只好走出去，一家一家旅館去問，才知道每一家都被訂光了，雖然時間還有六週！

我想起有一年，和一位物理學家朋友同行時的經驗。*這位朋友是沉默寡言、敬謹自重的英國紳士。我們開車穿越美國，到了奧克拉荷馬州土薩鎮時，聽說前面淹大水。小鎮上到處停著汽車，很多人就在車上睡覺。我的朋友說了：「我們最好在此歇腳，前面顯然行不通了。」

「噯，別這樣，」我說：「你怎麼知道？我們試試看嘛，說不定我們開去時，水已經退了。」

「我們不該浪費時間，」他反駁：「我們現在去找旅館，也許還能找到房間。」

「啊，別擔心那件事！」我說：「我們走吧！」

開出小鎮才十到十二英里，便到了一條河邊。的確，水是太大了，就連我也不敢硬闖。

我們掉回頭。英國朋友嘀咕著現在一定找不到旅館了。我叫他不用愁。回到小鎮，真的到處都是在車上過夜的人，顯然是因為找不到住處。旅館一定都客滿了。這時候我看見一扇門的上方掛著招牌：「旅舍」。這是我在阿布奎基很熟悉的那種旅店，那段時間我為了等候探望住在醫院的妻子，常常滿城亂逛，知道爬上一層樓梯便是櫃台。

＊注：詳細故事請參見戴森所著《宇宙波瀾》第六章〈阿布奎基之旅〉。

我們走上去，找到經理，說：「我們要一間房。」

「沒問題，先生。三樓有一間雙床房。」

朋友十分驚訝：滿鎮都是不得不睡在車裡的人，這旅館居然還有房間！

上到我們的房間，他漸漸明白真相：這間房沒有門，只用一幅門帘遮掩。房間倒挺乾淨的，有一個水槽，不算太壞。我們準備睡了。

他說：「我要尿尿。」

「浴室在走廊那頭。」

外面走廊上清楚傳來女孩子嘻笑來去的聲音，他緊張起來，不願去浴室。

「沒關係，你就在水槽裡尿好了。」我說。

「可是那不衛生。」

「得啦，不要緊的，你開著水就是了。」

「我不能在水槽裡尿尿。」他說。

我們都累了，躺上床。天氣很熱，什麼也沒蓋。朋友怕吵，睡不著。我則漸有朦朧之意。

過了一會兒，我聽到地板上微有響動，輕輕睜開一隻眼，看見他摸著黑，悄悄移向水槽。

總之，我知道日內瓦有一家小旅館叫做「旅舍城」，就是那種一扇門通向街面，走上二樓才是櫃台的地方。那裡通常都有空房，沒有人預訂房間。

我走上去，告訴櫃台人員我六個星期之後要再來，希望能住在這兒：「可否預留房間？」

「當然可以！先生，沒問題。」

職員拿一張紙寫下我的名字——他們連訂房簿都沒有。我還記得他一直想找個鉤子掛這張紙，免得忘記。好啦，我訂好房了。

六星期後我再返日內瓦，住進「旅舍城」，他們果真準備好了房間，是在頂樓。房租雖便宜，房間卻打理得很乾淨（這裡可是瑞士！乾淨得很）。床單破了幾個洞就是了。到早上，他們送歐式早餐到房間來。他們滿高興有我這樣六個星期前預訂房間的客人。

原子和平會議的第一天，我到聯合國大廈去，報到處排著長龍。一位女士把每位與會者的住處和電話記下，以便有事時可以通報。

「費曼教授，您住在哪兒？」她問。

「旅舍城（Hotel City）？」

「哦！你是說西泰酒店（Hotel Cité）？」

「不是，它就叫旅舍城。」

「可是我們的旅館名單上沒有這家。你確定是這個名字嗎？」

「妳查查電話簿，會找到它的電話號碼的。」

她查過電話簿之後說：「啊，我的旅館名單不全！這裡有些人還沒找到住處呢，也許我可以介紹他們去旅舍城。」

後來一定是有人告訴她這是怎樣的旅館，因為直到會議結束，並沒有旁人住進來。不過有時候旅舍城會接到聯合國打來找我的電話，他們便會既敬畏又興奮的爬兩層樓梯上來叫我下去聽電話。

住在那裡時，我看過一幅有趣的景象。一晚我從窗戶望向後院，對面一棟房子有點東西吸引了我的視線：窗台上像是放了一隻倒扣的碗，我覺得它動了，便注視了一會兒，但後來就沒了動靜。又過了一會兒，它移向另一邊。我想不出那是什麼。

後來我想到了：是一個男人拿雙筒望遠鏡觀看我下面那層樓的房客！他把望遠鏡放在窗台上，露出他的半個頭！

還有一幅場景我始終記得，而且很想畫下來。一晚我開會回來，打開樓梯間的門，看見老闆站在那兒，一手拿著雪茄，一手推什麼重物上樓，努力做出沒事的樣子。在他上方，每天給我送早點的女侍正用雙手拉著同一件東西。再往上看，樓梯上站著「她」（住在我樓下的阻街女郎），穿著假毛皮大衣，高挺著胸，兩手放在臀部，高傲而不耐的等著。原來她的恩客喝醉了，上不了樓。我無從得知，老闆是否知道我對一切了然於胸；當時我若無其事走過去。他為自己的旅館羞愧，但對我而言，這是個可喜的地方。

第六章

誰是賀門？

有一天我接到羅沙拉摩斯一位老友打來的長途電話。她語氣嚴肅的說：「理查，告訴你一個壞消息：賀門死了。」

我常慚愧自己記不得別人的名字，覺得自己不夠關心人。因此我應道：「什麼？」心想先別多說，看看對方會不會多提供些資料。可是心裡一直在想：「賀門是誰？」

她說：「賀門和他的母親在洛杉磯附近雙雙因車禍喪生。他母親是那裡長大的，因此葬禮預定在五月三日下午三點於洛杉磯玫瑰山殯儀館舉行。」她又說：「賀門若知道你能來為他扶棺，一定會非常高興。」

我還是想不起他是誰，便說：「我當然樂意。」（至少這樣我可以知道賀門是誰了。）

後來我想出一個辦法：我打電話給殯儀館。「五月三日下午三點你們是不是有一場葬禮……」

「你說的是哪一場？戈家的還是巴家的？」

「呃，我不知道，」我還是摸不著頭腦；我不認識姓戈的或姓巴的。後來我說：「可能是兩場葬禮合併舉行，他的母親也去世了。」

「哦，那對了，是戈家的。」

「戈賀門嗎？」

「對，戈賀門和戈老太太。」

很好，名字是戈賀門。可是我還是想不起來戈賀門是何許人，一點印象都沒有。然而朋友在電話中的語氣，彷彿我倆挺熟的。

我知道賀門是誰的最後機會，是親赴葬禮，親視入殮。

我去了，安排一切的友人走來，她身穿黑衣，語氣悲傷：「我真高興你來了。賀門身後有知一定也很開心。」每個人都哭喪著臉，唯有我仍不知賀門是誰——當然我若知他是誰，一定也會哀痛不已！

葬禮依序進行。到大家輪流上前向死者道別時，我走上前去，看第一具棺材，是賀門的母親。再看第二具：賀門躺在裡面——可是我發誓，這輩子從沒見過他！

該抬棺了，我站好自己的位置，非常小心的和其他抬棺者一起把賀門的棺木放進墓穴，因為我知道他會感謝我的細心。只是直到今天，我始終不知賀門是誰。

很多年以後，我才有勇氣向這位朋友問起：「十年前，我去參加賀華的葬禮……」

「你是說賀門。」

「呃，對，是賀門。老實說，我不知道賀門是誰。他躺在棺材裡我都認不出。」

「可是理查，你們戰後在羅沙拉摩斯結識的呀。你們都是我的好友，我們常在一起聊天。」

「我還是想不起來。」

過了幾天，她打電話來，告訴我事情也許是：我離開羅沙拉摩斯之後，她沒多久就認識了賀門，時間太接近，所以搞混了。只因她和我們兩人都是至交，便以為我們彼此相識。所以錯在她，而非我（通常錯在我）。誰知道？也許她這麼說只是客氣罷了？

第七章

費曼是性別歧視的豬！

我在加州理工學院給一年級新生講過幾堂課，講課內容後來收入《費曼物理學講義》中。過後幾年，我接到一個女權團體寄來的長信，指責我歧視女性。信中引述兩件事：其一是我談到速率時，舉一位女士開車被警察攔下為例，敘述這位女士與警察爭辯速率問題。信中說，我把這位女士形容得很愚蠢。

其二是我講到大天文學家愛丁頓（Arthur Eddington）。他剛發現恆星是藉核反應融合氫產生氦而得到能量。我敘述他在得此重大發現的次晚，與女友並坐時，女友說道：「看星光閃爍多美！」他回答：「是啊，現在我是世間唯一知道它們如何閃爍的人。」他這話具體說明了科學家在某種發現之後，那種愉快的寂寞。

信中指責我是在說女人不懂核反應。

我想這種信不必詳覆，便簡短回道：「老兄，別監聽我的談話！」

不用說，回信效果不佳。又來了一封信：「你對我們九月二十九日函的回覆令人不滿。……」等等。信中警告，我若不請出版商修訂書中那些部分，會惹麻煩上身。

我沒理會，忘了這事。

一年之後，美國物理教師協會頒獎給我，獎勵我的那些著作，並邀我赴舊金山，在典禮上演講。我妹妹瓊安住在離舊金山一小時車程的巴洛阿托，因此我早一天到，在她家過夜，次晨我們一起赴會。

走進會場，看見有人在發傳單，我們各拿了一張，瞄了一眼，最上面寫著「抗議」，以下是幾段他們給我的信的內容，以及我的回信全文。最後是幾個大字：「費曼是性別歧視的豬！」

瓊安猛的停步，轉身跑回去，對抗議者說：「這個有意思，我要多拿幾張！」

她趕上我，說：「嘿嘿！理查，你做了什麼好事？」

我把經過說了一遍，這時我們已走進演講廳。

大廳前面靠近講台處，坐著美國物理教師協會的兩位女性要員。一位是協會婦女部部長，另一位是賓州的物理學教授艾真柏格（Fay Ajzenberg），我認識她。她們看見我走向講台，身邊還有一位女士手持一大把傳單在對我說話，艾真柏格便迎上來對瓊安說：「難道妳不知道，費曼教授曾經鼓勵他的妹妹攻讀物理，現在她也得了物理學博士學位？」

「當然知道，」瓊安說：「我就是他妹妹！」

艾真柏格和婦女部長向我解釋，抗議者是一個團體，妙的是領頭的是男士，在柏克萊舉行的每場會議，幾乎都看得到他來攪局。「我們會分坐在你兩邊，表示堅定支持你，同時在你開講之前，我會先站起來說幾句話，叫那些抗議者安靜。」艾真柏格說。

在我之前另有別人演講，因此我有時間想想該說什麼。我謝謝艾真柏格，但請她不必代我發言。

我一站起來走上講台，就有五六個示威者魚貫走向前面，在講台下來回走動，高舉抗議牌，口呼：「費曼是性別歧視的豬！費曼是性別歧視的豬！」

我開口時先向示威者說：「很遺憾我的簡短覆信害你們費事跑來。其實女性在物理學界的地位還有很多待改進、可以努力的地方。如果你們認為我在教科書中犯了一些錯誤，與真實世界相比，這些錯誤實在是微不足道。不過，不管怎麼說，也許你們來了倒好。因為女性在物理學界的確受到歧視，你們在此，可以提醒我們注意這些難處，並且努力改進。」

示威者你看著我，我看著你，慢慢把抗議牌垂下。

我又說：「雖然美國物理教師協會獎勵我的教學，我卻必須承認自己其實不知道該怎麼教。所以，有關教學一事我沒什麼可說。今天我倒要談談在座女士特別感興趣的事：質子的結構。」

示威者放下標語牌，走回去了。會議主持人後來告訴我，那男子和他的抗議團體從未如此輕易敗陣。

（最近我找到那場演講的紀錄，根據紀錄，我的開場白毫無出奇之處。記憶中我說得精采多了！）

我演講完後，有些示威者上來逼問我那位女性駕駛的故事。「為什麼一定要說開車的是女性？」她們說：「你在暗示女性全不善駕駛。」

「可是這位女士讓警察很難看，」我說：「妳們為什麼不替這警察想想？」

「警察活該！」有一位說：「他們全是豬！」

「可是妳們應該關心，」我說：「我在故事裡忘了提，這警察也是女性！」

第八章

我剛和他握過手

東京大學多年來一直邀請我去日本訪問，可是每次我接受了邀請，到時候總是生病不能前去。

一九八六年夏天，有一項會議要在東京舉行，東大再度邀請我。我雖很想去，卻擔心自己並無論文要發表，不太妥當。東大說，我只要提出一份論文摘要就可以了，但我說我不想這麼做。他們又說，若我肯主持其中的一次會議，他們會很感榮幸，而我也就不必提論文。於是我終於答應了。

這次我運氣不錯，沒有生病*。溫妮絲★陪我去了東京，我也主持了一項會議。主席的職責之一是不要讓講員超過時間，以免侵占下一位的時間。主席地位崇高，竟有兩位副主席輔佐。我這兩位副主席說，他們會負責介紹講員，並且提醒時間。

會議進行得很順利，可是後來上來一位日本講員，時間到了還講個不停。我看看鐘，覺得該停了，便看看兩位副主席，輕輕做了個手勢。

他們過來對我說：「別管他；我們會處理。他在談湯川秀樹☆，讓他講吧。」

我只不過是一場會議的名譽主席，而且連這樣的職務也沒做好。東京大學卻為我出旅費、安排旅程，一直非常客氣。

一天下午，我和溫妮絲跟接待我們的日本人聊天。他給我們看一張鐵路路線圖，溫妮絲看到伊勢半島中部一條曲折的鐵路線上有許多小站，這鐵道既不靠海濱，也沒通過名山勝景。她手指著鐵路線的末端說：「我們想去那兒。」

我們的主人看了看說：「哦，你們要去沖津？」

她說：「對。」

「可是那裡什麼也沒有！」他看著我，好像覺得我太太不正常，期望我領她回到正路。

我便說了：「是啊，我們就是要去沖津。」

＊ 費曼罹患腹腔癌，曾於一九七八年和一九八一年動過手術。自日本回美國後，他又於一九八六年十月和一九八七年十月兩度開刀。

★ 費曼的第三任妻子。

☆ 日本物理學家，一九四九年諾貝爾物理獎得主。

我與溫妮絲並沒有事先商量，但是我知道她的想法：我們喜歡在不知名的地方漫遊，不知道會看到什麼，不特別為了什麼。

主人有些不知所措：他沒有訂過那邊的旅館，甚至不知道那兒有沒有旅館。他拿起電話，接通沖津，查出當地無處住宿。不過，在距離七公里左右的另一座小鎮，倒有一家日式旅館。

我們說：「很好，正是我們想要的——日式旅館！」他打電話過去。旅館的人好像很為難：「我們這是很小的旅館，家庭式的。」

「他們就喜歡這樣。」我們的主人叫他放心。

「他答應了嗎？」我問。

我們的主人跟對方費了一番唇舌，對我們說：「他答應了。」

然而第二天早晨，旅館打電話來，告訴我們的主人：昨晚他們開了家庭會議，結論是沒法接待外國人。

我說：「有什麼困難？」

我們的主人打電話去詢問，回來告訴我們：「廁所問題——他們沒有西式馬桶。」

我說：「請告訴他們，上次我和內人去旅行，隨身攜帶一把小鏟子和衛生紙，自己在土地上挖茅坑。你問他：『我們需不需要帶鏟子來？』」

主人把話傳過去，對方說：「好啦，你們可以來住一晚。鏟子不必帶。」

旅館老闆到沖津火車站接我們。我們的房間外面有一個漂亮的花園，我們注意到一隻翠綠色的樹蛙正攀爬晾衣竿的金屬架，還有一條黃色小蛇躲藏在廊前的矮樹叢裡。沖津的確沒有什麼出奇之處，只不過事事物物在我們眼裡都饒富趣味。

我們打聽出附近有一座神社（這家旅舍正是因此而設），便信步走去。回程時下起雨來。有個人開車經過我們身邊，又掉轉頭開回來，用日語問：「你們要上哪兒去？」「回旅館，」我回答。他便載我們回去。

回到房間，才發現溫妮絲遺失了一捲底片，可能是在那人的車上。我在英日語字典上查出「底片」和「遺失」的日文，努力向老闆說明。不知道老闆怎麼弄的，反正他找到了讓我們搭便車的人，我們在車上找到那捲底片。

浴室挺特別，要先穿過另一間房。浴盆是木製的，周圍擺滿小玩具，還掛著一條米老鼠浴巾。

老闆夫婦有一個兩歲的女兒，還有一個襁褓中的娃娃。他們讓女兒穿上和服，帶到我們房間來，我畫畫給她看，跟她一起玩。

對街一位女士送我們一個漂亮的絲球，是她自己做的。每個人都很友善，我們過得很愉快。

次晨我們該走了。我們在一個比較有名的觀光地點訂了旅館。我又查字典，去找老闆，把大旅館的預訂單給他看。我說：「我們不想去住這家大旅館，想在這兒多住一天。我們喜歡這裡。請你打電話去取消預訂。」

他說：「沒問題！沒問題！」看得出他很高興外國人取消大旅館的預訂，在他的小旅館多住一夜。

回到東京，我們去金澤大學。有幾位教授約好載我們去能登半島的海邊兜風。

我們經過了幾個可愛的小漁村，到達鄉下的一座佛塔。

隨後我們去參觀一間神社，這間神社是非請莫入的。但是住持很客氣，請我們到他的禪室去奉茶，還寫了一幅字送給我們。

金澤大學的教授帶我們再逛一小段海岸，就要回去了，我和溫妮絲卻打算在富來待個兩三天。我們找了一家日式旅店，女主人非常非常熱誠。她派弟弟開車載我們逛沿海的幾個小村，我們再搭公車回來。

次晨女主人提起，鎮上有件大事：一間新的神社要開光了。

我們趕去神社前的廣場，有人請我們坐在長凳上，還奉上茶。四周擠滿了人，等了一陣子，終於從神社後面走出一行人。我們高興的看到，領頭的便是那天見過的住持，他穿著大禮服，顯然在主持一切。

典禮開始。我們不想侵犯別人的宗教聖地，因此沒有進入神社。後來看到孩子們上下亂跑，吵嚷不休，料想此事不那麼正式，便走近些，往裡瞧去。

我們看見一群女孩穿著特別的服裝，有人在跳舞。典禮華麗而繁複。正看得聚精會神，忽覺有人拍我肩膀。是住持！他做個手勢，要我們跟著他。

我們繞過神社，從側門進去。住持把我們介紹給鎮長和另外一些頭面人物，又請我們坐下。一個能劇演員正在跳舞，還有好多精采節目。

接下來是致詞。鎮長首先上台，其次是住持。他用日語說了一串，中間提到我的名字，請我上台去說話！

我的日文很破，只好講英文：「我喜歡日本，」我說：「尤其你們在工業技術進步的同時，還能維持如此深厚的傳統，像這間神社表現出來的，實在令我佩服。」我想表達的是在日本所見，變遷中不失傳統的特色。

住持隨後用日語說了一套，我雖聽不大懂，卻相信絕非我所說的意思，因為在這之前的交談，他就從沒聽懂我的話！可是他做出完全了解的樣子，充滿自信的為大家做「翻譯」。就這一點而言，他倒滿像我的。

總之，大家禮貌的聽完了「我的話」，又有一個和尚上去講話。這是個年輕人，住持的徒弟，穿著大褂，戴著寬帽，看起來真神氣。

隨後我們和眾顯要一同去吃午餐，深感榮幸。

開光典禮結束後，溫妮絲和我向住持道了謝，出來在村子裡逛。不一會兒看見一群人推著一輛大車，車上放著神龕，穿街過巷。他們全都披掛整齊，背後繪著同樣的標誌，唱著：「咿喲！咿喲！」

我們跟著這支遊行隊伍，感染到節慶的氣氛。這時一個戴著無線電通話器的警察走向我們，脫下白手套，伸出手來。我和他握了握手。

我們跟警察道別，繼續跟著遊行隊伍。後頭傳來高亢而急促的聲音。轉過頭去，看見那警察手抓通話器，很興奮的說話。我猜得出，他是在向那一端的人說：「還記得在神社裡講話的費曼先生嗎？我剛和他握過手，你信不信？」

住持大人一定把我的話「翻譯」得很棒！

第九章

信函、照片與畫作

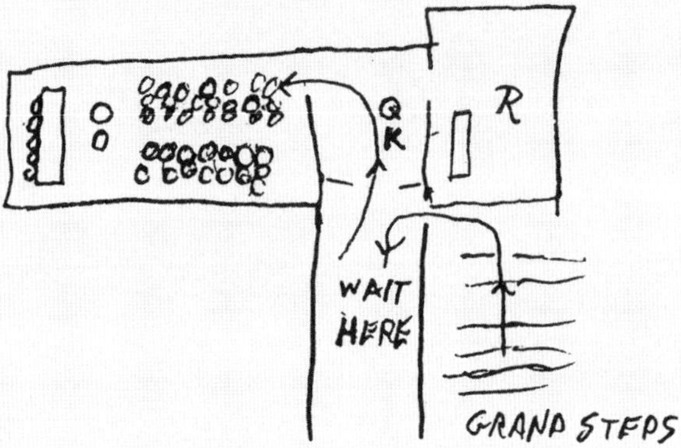

哈囉，我的甜心：

家書一，寫於參加索爾維會議時

梅瑞和我竟夜爭辯，直到不支。醒來時正在格陵蘭上空。在倫敦我們與其他物理學家會合，同赴布魯塞爾。一位同伴憂心忡忡，因為我們預定要住的阿米哥旅館，並未列在他手頭的導遊手冊上。另一位拿出新版的導遊手冊，阿米哥出現在五星級旅館之列，據說還是歐洲最棒的！

旅館的確很棒，家具全是暗紅色木製品，極其精美；浴室很大。妳沒陪我來參加這次會議真是太可惜了。

第二天會議開始，我的發言排在下午。我發表了，但是時間不夠。不過我想自己講的還不錯，沒時間講的反正也已經寫在書面報告上了。

當晚我們入宮晉見國王和王后。計程車（長長的黑色禮車）排列在旅館門口等我們。五點鐘抵達，穿過幾道宮門，門口和兩旁站滿了持劍挺立的衛兵。

我們在宴會廳等候了二十分鐘。以前參觀過很多類似的宮殿，只不過這次不是博物館，而是活生生的宮殿，每件器物都明亮潔淨，保養極佳。有幾位宮廷官員陪著我們，其中一人手裡拿張單子，指點我站在何處，可是我總是站得不對。

大廳那一端的門打開，衛士簇擁著國王和王后站在裡面；我們魚貫而入，一一通名介紹。國王的臉孔年輕但有些呆滯，握手強而有力；王后很漂亮。我們退入左邊另一間房，那裡的座位排列如戲院，前面兩把椅子（同樣面向前方）是國王和王后坐的，再前面一張桌子、六把椅子（面對我們），是給當今科學泰斗如波耳（Niels Bohr，一九二二年諾貝爾物理獎得主）、法國的佩蘭（J. Perrin，一九二六年諾貝爾物理獎得主）、歐本海默等人坐的。

原來國王想知道我們都做些什麼事，所以這些老前輩就發表了六場乏味的演說，一個笑話也沒有。我坐得很難受，因為坐了一夜的飛機，背脊痠痛。

演講結束後，國王和王后穿越先前接見我們的那間房，走入右邊房間（每間房都非常寬敞豪華），房裡有各種穿制服的人：紅外套的禁衛、白外套的內侍、卡其服配勳章的軍人和黑外套的宮廷官員。

從左廂房進入右廂房途中，我因為背痛走得慢而落在最後，與一位宮廷官員攀談起來。他在魯汶大學兼課教數學，但本職是王后的書記官。國王年幼時他也曾做過太傅，教導國王。如今算來入宮任職有二十三年了。我總算有了談話對象。

有些人在與國王、王后說話，大家都站著。過一會，此次會議的主持人小布拉格教授抓住我，說國王要找我。小布拉格介紹：「王上，這位是費曼。」這時候我犯下第一個錯誤，以為別人要和我握手。可是對方沒伸出手來。一陣尷尬之後，國王還是伸出手來和我握了一下。他很禮貌的說，我們一定都聰明絕頂，因為思考是多麼困難的事。我犯下第二個錯誤，用說笑話的方式回答。幸好小布拉格帶了另一位教授過來，才解了圍。國王轉頭忘了費某，費某則溜去找王后的書記官說話。

過了好久——大約在喝了幾杯柳丁汁，吃了好幾道美味小點之後，一位戴勳章的軍人過來對我說：「去見王后說話！」這件事我再樂意不過了（她很美，但是放心，她結婚了）。費某抵達現場，王后坐在桌旁，另外三把椅子上也都有人，並無費某的座位。過了一會兒，終於有人不大情願的讓出。另兩把椅子上坐著一位女士和一位神父。

我們聊了大約十五分鐘。內容舉隅如下：

后：「思索這些艱難問題一定很辛苦吧……」

費：「不辛苦，我們都覺得好玩。」

后：「要改變原有的想法，一定很不容易吧？」——這是她從六位老前輩那兒得到的印象。

費：「也不。剛才演講的那些人都是老派人士，科學界的大變動早在一九二六年便發生了，那年我才八歲。我學物理時，學的都是新理論。現在的問題是：現有的觀念是否要再來一次全盤翻新？」

后：「你一定很高興為促進和平而盡力。」

費：「不然。我從沒有想過和平問題，我們誰都不知科學進展能促進和平或破壞和平。」

后：「事情變化真快——一百年來許多事情都改變了。」

費：「這座宮殿裡可還一如舊觀。」（這話我只想想而已，沒說出來。）「是啊！」接著大談一八六一年世人的知識，以及其後的諸種發現。最後我笑著說：「妳看看，我們做教授的人，忍不住就演講起來了。哈哈！」

王后看我太不上道，就轉過頭去與那位女士說話了。話題則仍如前述。再過一會兒，國王走過來，對王后（她站了起來）說了幾句悄悄話，兩人不聲不響的走出去。費某回去找王后的書記官，後來書記官親自送他出宮。諸如此類。

妳錯過這場盛會真讓我遺憾。我可不知道何時還能再找個國王讓妳見見。★

今晨我和幾位教授正要走出旅館，忽然有人透過擴音器呼喚我。我去接了電話，回來向諸位教授宣布：「各位，剛才是王后的書記官打電話來，現在我得先告退了。」他們全都驚住了。原來早已有人注意到，我在宮中與王后談得太久、太熱烈，不太合乎體統。我當然沒告訴他們，王后的書記官打電話來，是為了我們之間的約會：他邀我去他家見他太太和兩個女兒，並且參觀他的房子。

他的妻女都很和善，房子也很漂亮。參觀他家，比參觀王宮更有意思。房子是他設計建造的，比利時式，有舊式農舍遺風，但造得很好。房子比我們家略大些，庭院很大，但是沒怎麼栽培花木，不過有一塊闢為菜園，裡面有一條長椅，是他自己做的，掩映在樹蔭之下，可以坐在上面觀賞四周的鄉村景色。他有一條狗，來自華盛頓，是別人送給國王，國王轉賜給他的。這狗的個性挺像我們家的奇威，我猜是因為牠們同樣受到主人的關愛吧！

我告訴書記官，我在帕沙迪納也有一座小小的城堡，裡面有我的王后，希望他哪天能去參觀。他說如果比利時王后再訪美國，他會陪同前往，便可來看我們了。

附上一張他家的照片和他的名片，免得我弄丟。

我知道這時候把妳拋在家中，一定讓妳很難過。以後我會設法補償。可是別忘了我深深愛妳，以我現有和將來會有的家人為榮。★書記官和他的太太祝妳好，祝

＊ 四年後，在諾貝爾獎頒獎典禮上，費曼和溫妮絲一同晉見了瑞典國王。
★ 溫妮絲那時正懷著卡爾。

我們幸運。

但願有妳陪我在此，不然，讓我陪妳在家。替我親親奇威，並轉告媽我的歷險記。我會提早回家。

丈夫愛妳

夫字

一九六一年十月十一日於布魯塞爾阿米哥旅館

家書二

最親愛的溫妮絲：

首先，我愛妳。

我也想念妳和小寶寶*，還有奇威，真希望我在家中。

此刻我坐在大飯店的餐廳裡。朋友警告過我，此地服務很慢，所以我就回房拿了紙和筆，打算為明天的演講打點草稿。可是轉念一想，寫信給我的親親不是更好？

波蘭是什麼樣子？我最強烈的感受是，除了一個小地方，它幾乎完全如我想像的那樣——不只是城市的外貌，連人民、人民的想法、他們怎麼看待政府等，都很符合。顯然我們在美國消息靈通，《時代》之類的雜誌辦得不差。唯一不合我想

* 指費曼的兒子卡爾，此信寫於一九六二年七月，卡爾生於一九六二年四月。

像的那個小地方是，我忘了華沙在戰爭中幾已全毀，因此絕大多數的建築都是戰後新建的，少數的舊建築從外觀的彈孔一看便知。這其實是相當了不起的成就，華沙這麼大的城市，全都重建起來。

旅館房間很小，擺著便宜家具，天花板很高（十五英尺）。讓我想起紐約那家老式「大飯店」，褪色的棉布床單鋪著凹凸不平的床。不過浴室用具（水龍頭等）挺光潔的，在這家老旅館裡顯得太新了些。後來我弄清楚了：旅館才蓋了三年。我忘了華沙人擅長蓋老房子。（到現在都沒人理我，實在受不了，拉住一個走過的服務生請他照料我。他似乎有些錯愕，叫了另一個服務生過來。結論是：我這桌無人招呼，要移往別桌才行。我口出怨言，他們於是把我安置到別桌，送上菜單，限我十五秒內點好菜。我點了維也納炸肉排。）

關於房間有沒有裝竊聽器的問題：我四處搜索像老式插座蓋的東西，找到五個，都在天花板附近——十五英尺高，要用梯子才上得去，我決定不去調查了。但在電話旁較低的角落裡有一個類似的方塊，我稍稍拉開（有一枚螺絲釘鬆了），裡面有好多電線——像無線電內部。這是什麼東西？誰知道！我沒看到麥克風，那些電線尾端都包著膠布，也許麥克風就藏在膠布裡。我沒有螺絲起子，不打算卸下蓋子仔細檢查。總之，若我的房間沒有被竊聽，便是浪費了許多電線。

波蘭人善良、貧窮，服飾（湯來了！）至少具備中等風格。有一些不錯的舞廳、不錯的樂隊，等等。所以華沙不像傳聞中的莫斯科那般沉悶。但是公營事業的落後、愚蠢性格卻是處處可見。舉個例子：我弄丟了鉛筆，想在旅館的小店裡買枝新的。「鋼筆一枝美金一點一〇元。」

「不，我要鉛筆——木製、鉛心的。」

「沒有，只有一點一〇美元的鋼筆。」

「好吧，波蘭幣是多少？」

「你不能用波蘭幣買，美金一點一〇元。」（為什麼？誰知道！）

我只好上樓去拿美金。給了他一點二五元。

店員不能找我零錢——得到旅館的出納那兒去換。買筆的發票共一式四份：店員一份、出納一份，我得兩份。我要這兩張紙做什麼呢？據說留著可免付美國關稅。這枝筆是美國製的。（湯碟子收去了。）

公營與民營之爭論玄而不實。理論上說，計畫經濟是好的。可是除非能改善政府的顢頇，再理想的計畫也會陷入流沙。

我想像中，我們開會所在的宮殿是十六世紀左右的古老禁城。可是我又忘了舊波蘭已經全毀。這宮殿是全新的，會場是一座圓廳，白牆環繞，包廂金碧輝煌；天花板上繪著藍天白雲。（主菜來了。我開始吃，味道很好。我叫了甜點：鳳梨派，一二五公克。這是重量——菜單很精確。別的菜也標明，如「鯡魚排，一四四公克」等。倒沒見有誰用秤量可曾短少斤兩，我也沒查驗我的肉排夠不夠一百公克。）

這次會議我沒有收穫，什麼也沒學到。因為這個領域裡沒什麼高人，結果是集合了一群笨蛋（一二六人）在此，對我的血壓不利：會議上淨說些廢話，我只好在會場外與人爭辯（例如午餐時）。只要有人開口問我問題，或告訴我他在做什麼「研究」，那「研究」總是：㈠全然不可解；㈡含混不清；㈢不證自明的事，卻大費周章的予以分析討論；㈣多年來再三證明的事實，此人卻出於愚昧指陳錯誤（更糟的是，怎麼說他也不信）；㈤企圖做不可能且無用的事（甜點來了，吃掉了。）；或者㈥根本就錯了。這領域最近活動頻繁，但都不過是為了顯示前此的活動錯誤、無用等等。這情形就像是瓶子裡的一群軟蟲，個個都想踩在別人頭上爬出去。並不是研究主題多難，只是此中無高手。記得提醒我再別參加什麼重力會議了！

一晚我去一位波蘭教授家。這是年輕的教授，有一位年輕的妻子。一般波蘭人每人只能擁有七碼見方的公寓面積，他們夫婦卻幸運的擁有二十一平方碼（約兩百平方英尺），內有臥室、廚房、浴室。他對於接待我們這些客人——我、惠勒（John Wheeler）教授夫婦及另一位，似乎有點緊張，而且為他的公寓之小感到抱歉。（我向服務生要帳單，這會兒他有兩三桌客人要照顧。）他的妻子卻輕鬆自如，親吻她的泰國貓「布布」，就像妳親吻奇威一樣。她很善於招呼客人，（現在整個餐廳裡只有四張桌子有客人，服務生四人）菜也燒得很好，我們都很喜歡。

啊，我提過華沙有一棟房子值得一看，那是波蘭最大的建築物：文化科學宮，是蘇聯建贈的，由蘇聯的建築師設計。親愛的，那簡直怪異極了！我甚至不知如何形容，可說是世上最無理可喻的怪物！（帳單來了，是另一個服務生送來的。我現在等著他們找錢。)

這封信大約就寫到這裡，希望找錢不需要太久。咖啡我也不喝了，怕又要久等。就這樣，在「大飯店」吃頓週日晚餐還可以寫這麼長的一封信。

再說一次愛妳，但願有妳在身邊——我能在妳身邊則更佳。家真是好。

(零錢找來了——數額不太正確，但是算了。)

理查

於華沙大飯店

家書三

親愛的溫妮絲、米雪*（還有卡爾？）

這是我在雅典的第三天。

我坐在旅館的游泳池畔寫信，信紙放在大腿上，因為桌子太高，椅子太矮。

旅途順利但不舒服，因為紐約飛雅典的班機爆滿。以前的學生伊利亞波洛教授來機場接我，還帶著他的外甥，與卡爾一般年紀。

很驚訝發現此地的天氣一如帕沙迪納，只是冷了五度左右。草木很相似，光禿的山丘和沙漠地形、仙人掌、乾燥氣候和夜間氣溫低等都像。可是其他地方就不同了：雅典城醜陋、喧囂、街道上充滿廢氣、車輛橫衝直闖、亂鳴喇叭，倒很像墨西哥市，只不過這裡的人看起來沒那麼窮——街頭只有零星的乞丐。溫妮絲，妳會

＊此信寫於一九八〇或八一年，女兒米雪約十一歲。

喜歡這裡的，因為商店真多（都很小）；卡爾也會喜歡在老城區的街道上漫步，看街邊各種奇奇怪怪的東西。

昨天早上我去考古博物館參觀。米雪一定愛看那些希臘的馬雕，尤其是其中一尊男孩騎奔馬的銅雕。我逛得太多，腳都走痠了，但展品標示不清，把我搞糊塗了，又因為類似的東西以前看過很多，所以不怎麼有趣。只有一樣展品與眾不同，是一九〇〇年自海底撈起的一種機器，看起來很像現代鬧鐘的內部，齒輪規則密接，我懷疑是假冒古物。一九五九年《科學美國人》雜誌上曾有一篇文章介紹這東西。

昨天下午我去雅典古城，就在市中心，高高的岩石上建了雅典娜女神殿和其他的神廟。雅典娜神殿很壯觀，但是不准走上台階，不准在廊柱間行走。伊利亞波洛教授的姊姊陪我們去，她是考古學者，一路向我們詳盡解說。

看來希臘人非常看重自身歷史。小學六年裡都要學希臘古史，每週上十小時的課。這是一種祖先崇拜，總是強調古希臘人如何偉大——當然他們確實了不起。你若是說：「是啊，但是現代希臘人更超越了古人，」並且提起他們的實證科學、數學成就、文藝復興藝術以及哲學上的進展等等，他們會回答：「什麼意思？古希臘人有什麼不好？」然後繼續貶抑現代、推崇古人，好像今人的成就全仗祖宗餘蔭，卻不知心存感激似的。

我說道，歐洲數學的最重要進展是十六世紀義大利數學家塔塔利亞（Tartaglia）發現三次方程式的解法。此解法本身雖無大用處，卻證明了現代人可以做古希臘人做不到的事，在心理上有其重大意義，因而有助於文藝復興運動的興起，讓歐洲人不再模仿古人。現代希臘人在學校裡學的那些東西，是讓他們認為自己遠不如祖先優越。他們聽了甚為沮喪。

我問女考古學家，可曾有人發現過和博物館裡的那個奇怪機器相似的東西，或是比它簡單、比它複雜的同類東西？她說她不知道我說的是什麼。於是我和她及她的兒子（與卡爾同齡的那位，他正在學物理，因此看待我如同看待古希臘英雄）相約在博物館見面，帶她看我說的那個機器。我費了番唇舌說明為什麼我覺得奇怪：「厄拉托西尼士（Eratosthenes，西元前三世紀的希臘科學家）不是曾經測量地球到太陽的距離嗎？難道他不需要比較精密的科學儀器？」唉，這些鑽研古典的現代人多麼無知呀。難怪他們不喜歡現代，他們根本不屬於也不了解這個時代！後來女考古學家同意此事可能有些蹊蹺，帶我去博物館的庫房，她說一定會有其他的類似品，而且可以找一份完整的資料目錄。結果是，並無其他樣品，而所謂資料，總共只有三篇文章（包括《科學美國人》刊登的那篇），全是同一個人寫的，一個耶魯大學的美國人！

我猜那些希臘人一定覺得美國人很笨，那麼多蘊含了神話及傳說的美麗雕像與畫像不去看，單單對一具機器感興趣。（真的有一個博物館女職員聽說這位美國教授想多要點一五〇八七號展品的資料，便說：「博物館裡這麼多好東西，他為什麼偏偏挑那一項？那東西有什麼特別？」）

此地人人抱怨天氣熱，怕我受不了，其實這兒平均氣溫比帕沙迪納還要低五度。商店和機關下午一點半到五點半休息，說是因為熱。這主意還真不錯，大家都睡個午覺，然後可以混到深夜——晚餐要九點半到十點之間才吃，那時候比較涼快。現在新訂一條法律：為了節約能源，餐廳和酒館必須在深夜兩點打烊。此地人怨聲四起，他們說如此一來雅典生活要給破壞了。

此刻正是一點半到五點半之間的午休時間，我利用此時寫信給你們。想念你們，還是在家好。想來我對旅行已經不再有興趣了。在此還有一天半的停留，他們熱心推薦我去一個美麗的海灘、一處重要的古蹟等等。可是我哪兒也不打算去，因為每次去什麼地方總要坐二到四小時的車。不，我還是留在這裡，準備在克里特要發表的演說。他們要我多加三場演講，聽眾是專程到克里特來聽講的大約二十位希臘大學的學生。我準備照在紐西蘭演講的做法，* 可是還沒擬定大綱！

想念你們大家，晚上上床時特別想——沒有狗可以摸，沒有誰可以道晚安！

愛你們的理查

六月二十九日（？）星期六下午三點

於皇家奧林匹克大飯店游泳池畔

附筆：筆跡難認的話，不必擔心，我在雅典很好。

* 紐西蘭那場演講發表於一九七九年，後來整理成《量子電動力學：光與物質的奇異理論》（*QED: The Strange Theory of Light and Matter*）一書。

戴森談費曼的第一封信*

親愛的家人：

出發去羅徹斯特前，寫了這封短箋。我們每星期三例必舉行一場座談會，由某人主講他的研究主題，又往往與羅徹斯特大學合辦。今天是本學期的第一場，我們要過去那邊參加。

今天天氣極好，此行想必愉快。羅徹斯特在西北方向，濱安大略湖，途中要經過一片原野。我搭費曼的車去，若能安全抵達，旅途定極有趣。我對費曼相當仰慕，他是我首次遇見的稀有品類，是土生土長的美國科學家。他發展出獨到的量子理論，一般公認甚有價值，在某些問題上可能比正統量子理論更有用。他時發妙想，通常是為了好玩而不是有用，而且總是一篇妙論還沒發表完，又有了新的奇想。他對物理學的最大貢獻是提升士氣：每當他衝進屋裡，宣布新構想，揮舞手臂、佐以聲效，人生至少不甚乏味了。

羅徹斯特的首席理論學家維斯可夫（Victor Weisskopf）也是有趣及能幹的人，不過是典型的歐洲人。他來自慕尼黑，在那裡跟貝特（Hans Bethe，一九六七年諾貝爾物理獎得主）是學生時代就認識的朋友。

上週的重大事件是佩爾斯（Rudolph Peierls）來訪，在貝特家住了兩晚。週一晚上貝特夫婦為他舉行宴會，大部分年輕科學家都應邀參加。我們到了貝特家，見到貝特五歲的兒子亨利，他卻一點也不在意我們，只一個勁兒的說：「我要狄克！你說狄克會來的！」可是狄克（費曼的暱稱）遲未露面，貝特夫婦只好叫亨利上床睡覺。

大約半小時後，費曼衝進來，只來得及說一句：「對不起遲到了，正要來的時候忽然想到一個妙點子。」然後便一陣風的上樓去安慰亨利。我們大家都停下說話，聽樓上傳來的快活聲音，有時候好像兩人在決鬥，有時候則是一人樂隊在演

＊這裡連續兩封信由弗利曼．戴森（Freeman Dyson）提供，是他談到費曼的第一封和最後一封信。其他相關信件則收入戴森著的《宇宙波瀾》一書中。

奏……

深愛你們的 弗利曼

一九四七年十一月十九日

於紐約州綺色佳康乃爾大學麥克法丁樓

戴森談費曼的最末封信

親愛的沙拉*：

我剛剛與費曼共度了精采的三天，你若也在這裡就好了。六十歲的年齡、剛動過的一次癌症大手術，都沒能減損他的光采，他還是早年我們在康乃爾認識的那個費曼。

我們在德州大學參加一項小型的物理學者會議，主辦人是惠勒。不知何故，惠勒把會場設在一個叫做「網球世界」的奇怪地方，是德州的富翁休閒的鄉村俱樂部。我們都在嘀咕著此地價格高昂而房間奇醜無比，可是又沒別的地方可去（至少我們當時這麼以為）。費曼的想法卻不同：他只說：「去他的，我才不睡在這裡。」收拾起他的手提箱，便獨自走進樹林裡去了。

＊戴森及費曼的友人。

到了早上，他再度出現，似乎在星空下過了一夜。他說他沒怎麼睡，但覺得值得。

一如當年，我們談科學、談歷史，不過他現在有了新話題：他的兒女。他說：「我一直以為我會是極好的父親，因為我不會強迫兒女照我的意思去做，如果他們不想做科學家，不想從事心智工作，我不會勉強他們。就算他們決定做卡車司機或吉他手，我也一樣高興。其實，我倒寧願他們出去闖蕩，做點實務工作，別像我，當個教授。可是他們總有辦法讓你難過。就拿我兒子卡爾來說吧，他在麻省理工學院念二年級，卻說他這輩子只想當什麼鬼哲學家！」*

我們坐在機場候機時，費曼拿出紙筆，速寫候機室裡其他人的臉。他畫得相當好。我說很遺憾自己毫無繪畫天分，他說：「我也一直以為自己沒有天分，可是畫這種爛畫不需要什麼天分……」

弗利曼

一九八一年四月九日於伊利諾州厄巴納

亨利．貝特的弔唁信

費曼夫人：

我們兩人見面的機會不多，恐怕彼此都印象不深。請原諒我冒昧寫這封信，只因理查過世，我不能無一語誌哀。

童年時我身邊圍繞著幾位叔伯輩，狄克是最好、最得我心的一位。在康乃爾大學時期，他是我家的常客，永遠受我們歡迎。他總是願意犧牲與我父母和其他大人聊天的時間，關注我們這些孩子。他既是做遊戲的行家，也是引導我們睜開眼睛看世界的良師。

最難忘的是在我八九歲時，有一次坐在狄克和我母親中間，等著聽大學者勞倫茲（Konrad Lorenz，一九七三年諾貝爾生醫獎得主，動物行為學大師，著有《所羅

* 但是後來費曼並沒有失望：卡爾在「思考機器公司」工作，女兒米雪則是商業攝影師。

門王的指環》、《雁鵝與勞倫茲》等書）演講。我坐立不安，全身發癢，可是大人說了，小孩子都得乖乖坐好。這時候，狄克轉過頭來對我說：「你可知道每一個數目都有比它大一倍的數目？」

「我不信！」我像所有那年齡的孩子一樣反抗。

「真的有，我證明給你看。你說一個數目。」

「一百萬。」這數字夠大了吧。

「兩百萬。」

「兩千七百萬。」

「五千四百萬。」

我又說了十個左右的數字，每次狄克都說出了大一倍的數目。我漸漸明白了。

「那麼，每個數字也都有比它大兩倍的數字囉！」

「你來證明。」狄克叔叔說。他說出一個數字，我說出它的三倍；他又說一個，我們再三試驗。

他說了一長串數字，我心算不出，便說：「乘以三。」

「那麼，有沒有一個最大的數字呢？」他問我。

「沒有，」我回答：「因為每一個數字都有它的兩倍、三倍，甚至一百萬倍。」

「對了，這種沒有限制的增加，沒有最大數的概念，就叫做『無限』。」

正當此時，勞倫茲到了，我們不再討論，聽他演講。

狄克離開康乃爾之後，我很少見到他了，可是他留給我鮮明的記憶、無限的觀念，以及認識這世界的新方法。我深摯的愛他。

亨利．貝特敬上

一九八八年二月十七日

於英國倫敦

▲一九六四年，在加州理工學院學生中心。

▲一九七八年，在加州理工學院校友日演講。

▶一九七八年，在加州理工學院。

◀一九八二年，南太平洋狂歡節的情景。

▲一九八四年，費曼講述「費曼圖」。

▲一九八四年，與本書共同作者拉夫．雷頓練習擊鼓。
費曼永遠抱持赤子之心，他熱愛鼓聲「瘋狂的節奏」。

▲英國廣播公司約克夏電視台，播出費曼攜帶當時年方三歲的女兒米雪和十歲的兒子卡爾同訪英國的鏡頭。

▶一九六五年，費曼榮獲諾貝爾獎，抱著兒子卡爾出席領獎。

▲一九八五年，費曼與第三任妻子溫妮絲慶祝銀婚紀念。

【素描介紹】

費曼四十四歲開始學畫，以後一直勤畫不輟。這些素描有的畫的是專業模特兒，有的是他的朋友，也有的是女兒米雪（當時十四歲）。費曼總是在畫作上簽名「Ofey」，免得別人猜出是他畫的。

第二部

華府之行

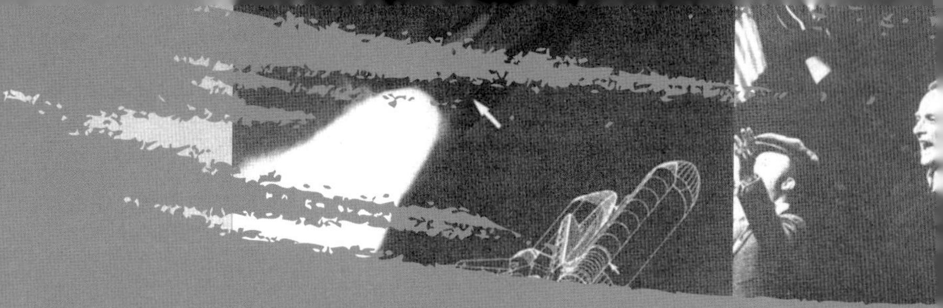

我覺得自己像是到瓷器店闖大禍的母牛。
喔，母牛會乖乖待在農莊裡的；
更好的比喻是，我是闖進瓷器店的公牛，
因為店裡擺了隻瓷做的母牛……
新聞界報導航太總署在很大的政治壓力下發射太空梭，
以及壓力來自何方的種種謠言。
對我而言，那是具有巨大力量的神祕世界。
好，如果我保護自己，那什麼事都不會發生；
但我已盯牢它了。

開端

在這個故事裡，我會談到很多有關航太總署（NASA）的事。但當我說：「航太總署做了這」和「航太總署做了那」，並不是指整個航太總署，而僅指航太總署裡與太空梭有關的部門。

太空梭腹底連結的是主燃料槽；槽的上層裝的是液態氧，其他部分裝的是液態氫。主引擎位於太空梭的後端，太空人則坐在太空梭的前端，在他們後面是貨艙。

太空梭發射時，兩具固體燃料增力火箭推動太空梭幾分鐘後，火箭脫離落入海中。幾分鐘後太空梭已推進至相當的高度，液體燃料槽再與太空梭分離，然後墜落至地面。

固體燃料增力火箭由數節火箭組成，各節火箭有兩種不同連接的方式：永久性的「工廠式聯接」是在猶他州莫頓賽奧科（Morton Thiokol）公司接合；暫時性的「現場式聯接」則於每天飛行前，在佛羅里達州的甘迺迪太空中心接合。

圖一　挑戰者號太空梭。發射前，主燃料槽及其兩側的固體燃料增力火箭連結於太空梭的機腹。太空梭主引擎的燃料為液態氫及液態氧，發射時由主燃料槽供給。

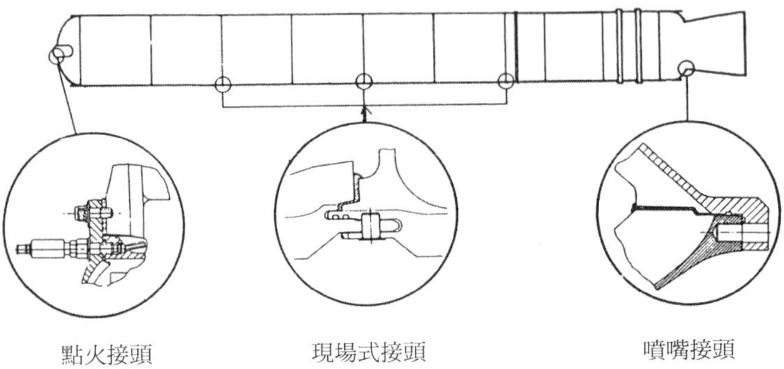

圖二　現場式接頭之位置及接合圖

第十章 自投羅網

你或許知道，挑戰者號太空梭於一九八六年一月廿八日星期二發生了意外。我在電視上看到它爆炸了，但除了難過七名太空人死亡的悲劇外，再也沒有去想它。在報紙上，我曾經讀到有關太空梭升空以及降落的種種，但讓我困惑的是始終沒看到科學雜誌報告有關太空梭實驗的結果，因此我並不太注意這件事。

在意外發生後幾天，我接到航太總署署長格拉姆（William Graham）的電話，徵詢我是否願意參與挑戰者號太空梭意外事故調查委員會。格拉姆博士說起自己是我在加州理工學院的學生，其後並曾在我每星期三下午授課的休斯航空公司服務。

但我依然不能確定他究竟是誰！

我聽說調查工作的地點是華盛頓時，當下的反應是不能答應這工作。我有一個原則，絕不去任何靠近華盛頓的地方或做任何與政府有關的事，於是我當時的反應是：我怎樣擺脫這件事？

我打了很多電話給朋友，如希布斯（Al Hibbs）和戴維斯（Dick Davies）等，徵詢他們的意見，但他們告訴我，調查挑戰者號太空梭意外事故對國家很重要，我應該去做。

我最後的機會是試圖說服我的妻子，我不能去。「妳看，」我說：「任何人都可以做這件事，他們可以找別人啊！」

「不，」太太說：「假如你不做這件事，就會有十二個人全部混在一起，共同檢查同樣一件東西。但是如果你參加這個委員會，就會有十一個人在一起做著同樣的事，而第十二個人東摸西摸的檢查所有不尋常的東西。可能不會有什麼特別之處，但如果有，你一定會發現的。」她說：「沒有任何一個人能做得像你那麼好。」

於是我不太謙虛的，相信了她的話。

是的，第一件事是去研究挑戰者號發生了什麼事，但下一件事是去研究航太總署的組織是否有問題。於是類似的問題：「我們應該繼續發展太空梭嗎？或使用可拋棄式的火箭是否較好？」然後更大的問題來了：「我們往哪裡去？」「我們未來的太空目標是什麼？」我能夠想見一個原是為了調查太空梭意外的委員會，最後演變成試圖決定國家太空政策的委員會，並永遠持續下去！

這讓我相當緊張，決定無論如何在滿六個月後退出。

但我也決心在調查這意外事件時，不做任何其他的事。我正在研究一些物理問題；在加州理工學院我和另一位教授合開一門電腦課（他答應代我照顧這門課）；我將為波士頓的思想機器（Thinking Machines）公司當顧問（他們說願意等）。我的物理研究也必須暫緩。

這時已是星期日，我告訴太太說：「我將要自殺六個月。」然後抓起電話筒。

第十一章

冷冰冰的事實

我打電話給格拉姆答應這件事時，他並不很清楚委員會要做什麼，誰是委員會的主持人，甚至我是否會被接受。（表示我仍有希望擺脫這件事！）

但第二天，星期一下午四點鐘，我接到了電話通知：「費曼先生，委員會接受你了。」這委員會是「總統委員會」，由羅吉斯（William P. Rogers）主持。

我記起羅吉斯先生，他在當國務卿時，我很為他難過，因為尼克森總統愈來愈倚重國家安全顧問季辛吉，以致於國務卿形同虛位，無以發揮。

第一次的會議在星期三召開。我想星期二這天沒什麼事，我大可在星期二晚上才飛往華盛頓，於是我打電話給希布斯，請他幫我安排噴射推進實驗室（JPL）裡懂太空梭計畫的人為我做簡報。

星期二早上，我喘著氣連跑帶跳的衝到JPL，希布斯請我坐下，工程師一個接一個進來解釋太空梭的各個部位。我不知道他們怎麼辦到的，但他們真是了解太空梭所有的事情。我聽了一個完整、快速而緊湊的簡報。JPL的人和我一樣熱心，真讓人興奮極了。

我現在重新看我的筆記，發現他們很快的暗示我，該在哪些部位檢查太空梭的問題。我的筆記第一行寫著「抑制燃燒，襯墊。」（為了抑制燃料燒穿增力火箭的聯接處，特別裝有襯墊，但顯然未發揮預期的功能。）第二行寫著「增力火箭聯接處的橡皮環有燒焦的跡象。」有人注意到，在增力火箭聯接處的橡皮環因熱氣體通過而燒焦。

同一行寫著「鉻酸鋅產生氣泡。」（填充在橡皮環後面做為絕熱物的鉻酸鋅粉產生了氣泡，氣泡遇到洩露的熱氣體急速變大，會腐蝕橡皮環。）

工程師告訴我，飛行時固體燃料增力火箭內部的壓力會怎樣變化，固體燃料是什麼製造的，如何讓它成形並在不同的溫度下烘烤，襯墊中石綿和聚合物的含量以及襯墊中沒有哪些成分等等。於是我知道了這火箭引擎的衝力及力量；以它們的重量而言，這是力量最強的引擎。這種引擎有很多問題，尤其是渦輪葉片可能破裂。工程師還告訴我，有些負責引擎維修的工作人員在每一次飛行時總是在心中默禱一切平安；他們看到太空梭爆炸時，都非常確定就是火箭引擎出了問題。

假如工程師遇到了不懂的地方，他們會這樣說：「喔！麥可知道，我們去請他進來。」然後希布斯一打電話給麥可，他立刻就來了。我想我不會得到比這更好的

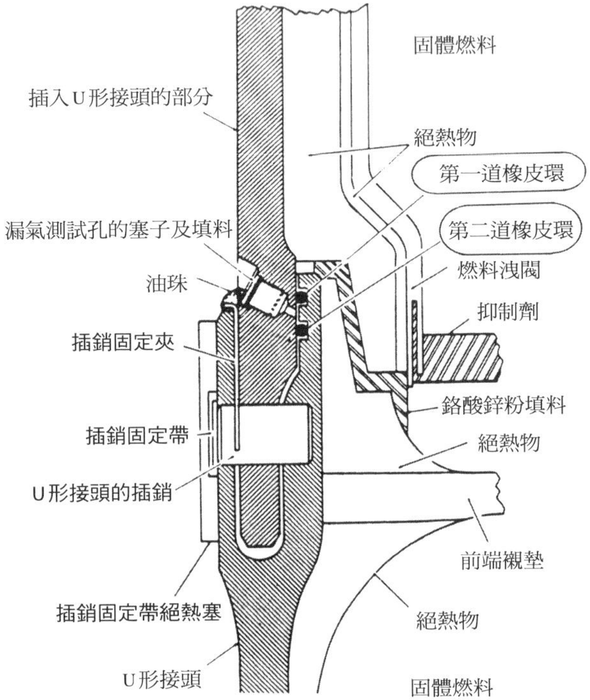

圖三　現場式接頭之詳圖

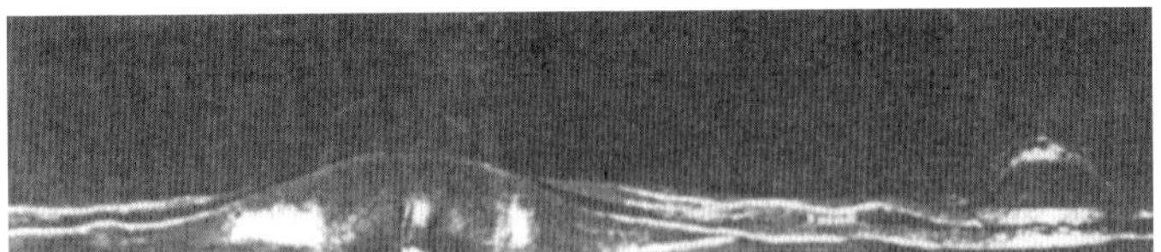

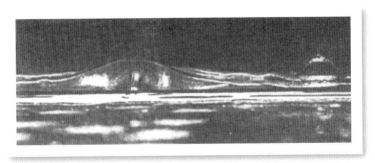

圖四　鉻酸鋅粉中的氣泡，可能導致橡皮環腐蝕。

簡報了！

說是簡報，可是一點兒也不簡短：它非常緊湊、快速而完整。這是我唯一很快得到太空梭技術資料的方法：你不是只坐在那兒，任由他們報告自以為重要的事情，相反的，你問了很多問題，並立即得到了答案，很快就能了解情況，並繼續發問得到其他需要的資料。那天我得到了太多的知識，像海綿一樣吸收了所有的資料。

那天晚上我搭夜機飛往華盛頓，在星期三清早到達。我得到了教訓，以後再也不搭這班飛機！*

我住進華盛頓市區的假日飯店，然後叫了一部計程車帶我去參加委員會的第一次會議。

「到哪兒？」司機問。我只有一張寫著「第八街一四一五號」的小紙條。

我們上路了。我新到華盛頓，看到著名的國會大廈在這裡，華盛頓紀念碑又在

* 在深夜十一點離開西岸，翌日清晨七點抵達東岸。也就是五小時飛行加三小時時差。

那兒，每一樣東西似乎都很靠近；但計程車走了又走，愈走愈遠，進入愈來愈差的地區。建築物變小了，開始有破落的樣子。終於我們到了第八街，我們一路行去，根本連建築物都沒有了，最後我們找到了地址——它是兩棟建築中間的空地！

這時我知道不對勁了。我不知道怎麼辦，因為就只有這片小紙頭，我不知該何去何從。我對司機說：「我要參加的會議與航太總署有關，你帶我去航太總署好嗎？」

「當然好啊，」他說：「你知道它在哪裡吧？就是我讓你上車的地方！」真的，我大可以從假日飯店步行至航太總署，它就在對街啊！我通過門口的警衛，進去四處尋找。

我找到了格拉姆的辦公室，詢問是否有關於太空梭的會議。

「是的，我知道在哪裡，」有人說，「我帶你去。」

他們帶我來到一個房間，確實有大型會議正在開著：會場的前方有閃亮的燈光和電視攝影機，房間擠滿了人，我只能擠進會場的後方。我想著：「這裡只有一扇門，怎麼才擠得到前面去？」

然後我聽見了些什麼，因為距離太遠我聽不出究竟，但顯然是一場不相干的會議！

於是我回到格拉姆的辦公室找他的祕書，她四處打電話詢問開會的地點。「我也不知道，」她對電話那頭的人說，「他淨在這兒轉來轉去。」

原來會議在H街一四一五號羅吉斯的辦公室召開。而我的小紙條上卻寫著「第八（eighth）街一四一五號」。（地址是在電話裡聽寫下來的。）

終於，我到了羅吉斯的辦公室，也是唯一遲到的人；羅吉斯先生介紹我認識其他的委員。除了羅吉斯先生以外，我唯一聽過的是太空人阿姆斯壯（Neil Armstrong），他是委員會的副主席。美國第一位女太空人萊德（Sally Ride）也在委員會，但我直到後來才認識她。還有一位穿著制服的英俊男士庫提納（Kutyna）將軍。當其他的人都穿著便服時，穿著制服的他極具威嚴感。

第一次的會議只是非正式聚會，這使我很懊惱，因為前一天JPL的簡報使我依然像是拉緊的彈簧。

羅吉斯先生依據上級的命令宣布了委員會的任務：

一、詳細調查意外事故的始末，找出事故可能的原因；

二、依據委員會研究調查的結果，提出補救的建議。

羅吉斯先生並說我們將在一百二十天內完成調查工作。

這讓我鬆了一大口氣！看來委員會的工作範圍只限於調查意外事故，而且我們的工作將可在我的「自殺期限」前完成！

羅吉斯先生問每一個人能有多少時間花在這份工作上。有些委員已經退休，幾乎每個人都把工作重新安排好了，我說：「我準備從現在開始就全心全意的投入！」

羅吉斯先生問道：「誰願意負責寫報告？」

曾經做過《航太週刊》編輯的侯茲（Hotz）先生自告奮勇擔了這個工作。

然後羅吉斯先生又提起另一件事。「我在華盛頓待了很久，」他說：「有一件事你們大家都得知道：儘管我們守口如瓶，消息也會走漏出去，處理洩露消息的法子是舉行公開會議。我們會有內部會議，但假如我們發現了重要的事，就立刻召開公開會議，這樣民眾永遠能知道事情的真相。」

羅吉斯先生繼續說道：「為了一開始就與新聞界保持良好的聯繫，我們第一次的官方會議就是公開會議，時間是明天上午十點鐘。」

離開會場時，我聽到庫提納將軍說：「離這兒最近的地鐵車站在哪兒？」我想：「這個人不錯，我一定和他處得來。他外表穿著考究，內心卻很直爽，他不是那種出門就要司機和轎車的將軍；他坐地鐵回五角大廈呢！」我立刻喜歡上他，在整個調查過程中，我發現我在這件事的判斷上是絕對正確的。

第二天早上，我們搭乘轎車前往參加第一次的正式會議，我坐在司機的旁邊。在路上司機對我說：「我知道很多重要人物都在委員會裡……」

「我想是的……」

「嗯，我喜歡蒐集別人的簽名，」他說：「您能幫個忙嗎？」

「當然！」我說。

我正要拿筆時，他繼續說道：「我們到達時，可不可以告訴我誰是阿姆斯壯？我好想請他簽名留念！」

我們在會議開始前宣誓就職，人們在四周走來走去，祕書遞給我們每人一張貼著照片的識別證，這樣我們便可以在航太總署內任意走動。我們又簽了很多同意書，同意這，同意那，以便報帳用。

宣誓就職後，我見到了格拉姆，我認出了他，記憶中他是個好人。

第一次的公開會議是由航太總署的大人物給的簡報。我們坐在前台的大皮椅上，強烈的燈光和電視攝影機緊盯著我們。

我正巧坐在庫提納將軍旁，在會議開始前，他靠過來說：「副駕駛對駕駛：梳整你的頭髮。」

我說：「駕駛對副駕駛：借一下你的梳子好嗎？」

第一次會議我們必須學習航太總署習慣使用的煩人字頭組合字，諸如「SRM」是固體火箭引擎，「SRB」是固體增力火箭，「SSME」是太空梭主引擎，「LH」是液態氫氣，「LOX」是液態氧氣，「ET」是外部燃料槽。每一樣東西都由一些字母代表。

不僅是大東西才如此，事實上每一個閥門也都用字母代表，因此他們說：「我

STS　代號51—L次飛行的酬載

- 追蹤及數據中繼衛星B及慣性設備
- 斯巴達—哈雷任務的特殊支援器材
- 太空梭座艙

  TISP（參與太空計畫的教師）
  CHAMP（哈雷彗星監測計畫）
  FDE（液體動力實驗）
  SE（學生實驗）
  RME（輻射監測實驗）
  PPE（相分配實驗）

圖五「子彈」之例

們會給你們字典查這些組合字，其實很簡單的。」但是字典是一本又大又厚的書，你得不停的翻查像「HPFTP」（高壓燃料渦輪幫浦）、「HPOTP」（高壓氧氣渦輪幫浦）等字眼。

然後我們知道了「子彈」——段落前面標以小黑點，用以摘述事情。在我們的簡報和幻燈片上有一個接一個的混帳「子彈」。

委員會裡除了羅吉斯先生和阿奇森（David Acheson）先生是律師、侯茲先生是編輯，其餘都是科學家：庫提納將軍是麻省理工學院畢業的，阿姆斯壯先生、柯佛特（Covert）先生、拉莫（Rummel）先生、沙特（Sutter）先生是太空工程師，萊德女士、沃克

（Walker）先生、惠隆（Wheelon）先生和我都是物理學家。我們各自都做了些準備工作，因此不停的問了些航太總署官員不及準備的相當技術性的問題。他們若有人無法回答問題，羅吉斯先生會說，我們了解他沒準備這麼細節的問題，我們目前已滿意這樣的答覆——「我們事後會把資料蒐集好送來。」從這種會議中，我主要學到的是公開場合的詢問毫無效率。大部分時間，別人都在問你已經知道答案或沒興趣的問題，弄得你昏昏然，以致談到重要的部分時，你幾乎聽不進去。

這和JPL的簡報是強烈的對比。星期三我們在羅吉斯先生的辦公室花了兩小時聚會，然後一整天無所事事。第二天我們召開公開會議，得到的答案是「這一點我們以後會回答」，這和沒有答案一樣！我們在華盛頓似乎天天排得滿滿的，但其實大部分時間閒坐無事。

那天晚上我自己做了些事：我寫下了我們在調查時應該問的問題，以及應該研究的題目。我計劃找出其他委員想做的事，然後大家分工合作分頭進行。

第二天星期五，我們在舊行政大樓的辦公室開了第一次真正的會議，那兒還有一個人為我們說的每一個字做紀錄。

羅吉斯先生因事遲到。在等待的時刻，庫提納將軍為了讓我們了解調查意外事故是怎麼回事，舉了一個空軍調查無人火箭意外事故的例子來說明。

我很喜歡他描述的尋找問題、發掘答案的調查方法，和我昨晚設計的類似，但進行方法更為有條不紊。庫提納將軍警告我們，有時顯而易見的原因，在仔細調查後完全改觀。他們沒有什麼線索，且在調查這個案子時前後改變了三次主意。

我很興奮。我樂於做這種調查工作，急於開始進行——我們只待分工即可。

但是在庫提納將軍說明一半才到的羅吉斯先生說：「你的調查很成功，將軍，但是我們不能使用同樣的方式，因為我們沒有那麼多資料。」

可能因為羅吉斯先生不是技術人員，不了解自己犯了明顯的錯誤。無人火箭的檢查遠不如太空梭周詳。我們有電視畫面顯示在爆炸前數秒鐘，火焰從增力火箭的側面冒出，而庫提納將軍的無人火箭照片中僅看到天空一個微小的閃光，而他卻可以從中窺探究竟。

羅吉斯先生說：「我安排了下星期四去佛羅里達，在那兒航太總署的官員會給簡報，並帶我們去甘迺迪太空中心。」

我腦中浮起女沙皇來到波坦金村的情景：每一件事都已事先安排妥當；他們引導我們看火箭的模樣，火箭的裝配……。這不是發掘事實真相的方法。

然後阿姆斯壯先生說：「我們無法進行像庫提納將軍提起的技術調查。」這真讓我困擾，因為我預期自己做的唯一的事情就是在技術層面上！我不能確實了解他的意思，也許他認為航太總署應該執行所有的技術工作。

我開始建議我能做的事情。

在我一件件述說時，祕書進來請羅吉斯在信上簽名，我停下來等著再繼續，這當中很多其他的委員提出與我一同工作的意願。羅吉斯抬起頭來繼續開會，但是他叫了其他人，好像忘了我在中途被打斷似的。因此我必須重新發言，我開始說話時，又來了「意外」，我得再停下來。

老實說，我還意猶未盡時，羅吉斯先生已將會議帶至尾聲，他一再重複他的憂慮，認為我們不可能真正找出太空梭事故的原因。

這使人極端洩氣。現在想來依然令人費解：航太總署居然花了至少兩年的時間才恢復太空梭的計畫，但我當時認為那只是幾天就成的事。

我走向羅吉斯說道：「我們下星期四去佛羅里達，這表示會有五天無所事事，那我該做些什麼？」

「嗯，假如你沒參加委員會，你會做什麼？」

「我會去波士頓當顧問，但我取消了原訂的計畫好全心全意投入這工作。」

「何不就在這五天去波士頓？」

我不會接受這個建議。我想：「我完蛋了，這鬼事情就是行不通。」我鬥敗了似的回到旅館。

然後我想到了格拉姆，打電話給他。「聽著，比爾，」我說：「是你害我進來的，現在你得救我。我洩氣極了，我不能忍受了。」

他說：「怎麼回事？」

「我要做些事！我要到處看看，和工程師談！」

他說：「沒問題！我來安排。你可以去任何想去的地方：詹森、馬歇爾，或你想去甘迺迪太空中心……？」

我想我不要去甘迺迪太空中心，那會讓人看來我急於在其他委員之前發掘一切。萊德在詹森太空中心做事，曾經表示願意和我一起工作，於是我說：「我想去詹森太空中心。」

「好，」他說：「我會告訴阿奇森，他和羅吉斯有私交，也是我的朋友，我想一切都沒問題。」

半小時後阿奇森來電：「我認為你去詹森太空中心是個好主意，我告訴了羅吉斯，但是他說不可以，我不知道如何說服他。」

此時，格拉姆想到了妥協的辦法：我留在華盛頓，他把人請到他在航太總署的辦公室，我可以得到我想要的簡報而不必四處跑。

然後羅吉斯打電話來，他反對格拉姆的主意，「我們下星期四全體去佛羅里達。」他說。

我說：「如果你的主意是我們坐著聽簡報，這對我是行不通的。假如讓我直接與工程師談，會更有工作效率。」

「我們必須按部就班進行。」

「我們至少已開了好幾次會，但依然沒有被指派任何工作！」

羅吉斯說道：「嗯，你要我在下星期一召開特別會議，麻煩所有的委員來討論指派工作的事嗎？」

「啊，是的！」我想我們的職責就是工作，我們本來就應該被麻煩的——你知道我的意思嗎？

他很自然的避開了這個話題，說道：「我想你不喜歡這間旅館，我幫你換別間好嗎？」

「不，謝謝你，旅館這兒一切都好。」

他又試了一次，於是我說：「羅吉斯先生，我不介意個人的舒適與否，我只是試著開始工作，我要做事！」

終於，羅吉斯答應我過街去和航太總署的人員談。

我顯然使羅吉斯頭疼萬分。事後，格拉姆嘗試解釋給我聽：「假設你是技術人員，被指派為某個委員會的主席，去調查一些法律問題。委員大部分是律師，其中一個不停的說，『如果我直接與其他律師談話，我的工作會更有效率。』我想你也會先穩住了自己的方位，再讓別人衝出去自行調查。」

很久以後，我體會羅吉斯有很多問題必須處理。例如，我們任何人得到的資料都必須成為紀錄且須讓其他委員也能取得，所以必須建立資料中心，這類的事情很花時間。

星期六早晨，我去航太總署，格拉姆找了些人告訴我太空梭的一切，雖然他們在航太總署的職位很高，但對技術問題仍瞭如指掌。

第一個人告訴我有關固體燃料增力火箭的一切（燃料、引擎等），除了「密封」以外的全部。他說：「密封方面的專家下午會來。」

第二個人告訴我關於主引擎的一切。主引擎的基本操作是很直接的，但是還有各種的控制，複雜的管路，從這兒和那兒加熱，以高壓氫氣推動一個小螺槳轉動其他的東西，抽取氧氣經過一道氣閥……，諸如此類。

這很有趣，我盡量去了解，但過會兒我告訴這個人：「我對於主引擎，想要知道的已經夠了。」

「但是還有很多你必須知道的主引擎問題。」他說。

我想緊追增力火箭不捨，因此說道：「我以後有空時再來研究主引擎。」

然後進來一個人說明太空梭梭體，我覺得很不好意思，因為這個人在星期六來看我，而似乎太空梭梭體與這次的意外事故無關。

由於腦力有限，我難以了解太空梭的全部細節，於是我讓他說些大要，但很快我又得告訴他，說明得太詳細了，因此我們僅僅閒聊了一番。

下午密封專家威克（Weeks）來到，他給了我如在JPL同樣分量的簡報，而且更為詳細。

其中包括鉻酸鋅粉和其他的東西，但接頭最後的密封應是兩道橡皮環，約四分之一英寸厚，直徑十二英尺，長度約三十七英尺。

莫頓賽奧科公司最初設計密封時，原本預期燃料燃燒的壓力將會壓扁橡皮環。但因為接頭較箭身壁面厚而堅實（有三倍厚），箭壁於是向外彎曲，使得接頭略彎而將橡皮環從密封區域拉開來。威克先生告訴我，這種現象叫做「接頭轉動」，在很早期尚未發射太空梭時，就發現了這個問題。

接頭的橡皮環叫做O形環，和一般使用的橡皮環不同。在通常的情況，例如

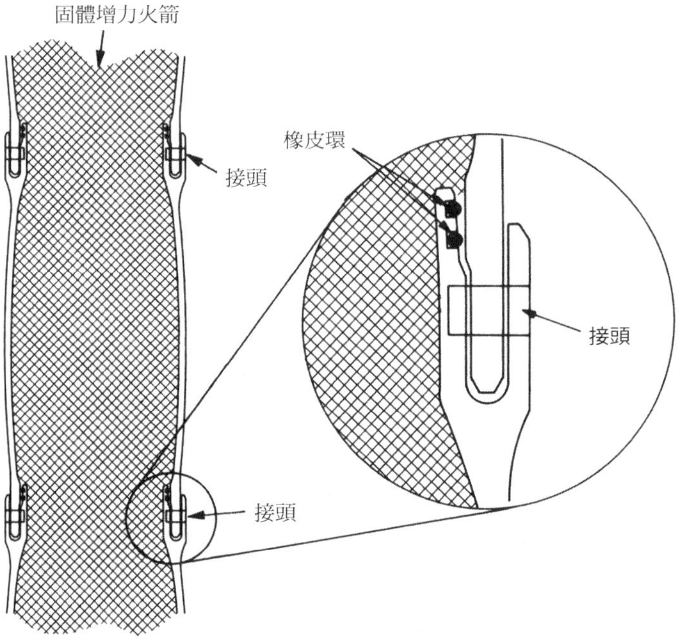

圖六　「接頭轉動」係由於火箭內部燃燒燃料的壓力將箭壁往外推，致接頭產生縫隙。熱氣體於是能通過一道或兩道橡皮環（O形環）。

汽車引擎汽缸內的密封面，雖然曲軸帶動活塞來回滑動，但縫隙的大小基本上是固定的，O形環就放在固定的位置。

但在太空梭中，當火箭內的壓力增加，接頭的縫隙也增大。為了維持密封，橡皮環必須能很快膨脹以緊閉縫隙——而在太空梭發射時，縫隙會在幾分之一秒內打開，因此橡皮環的彈性是設計上很重要的部分。

莫頓賽奧科的工程師發現這些問題時，他們去製造橡膠的派克密封公司請教。派克密封公司告訴莫頓賽奧科，橡皮環的用法不應是那樣的，他們不能給予任何建議。

雖然在開始時就知道，接頭不能如設計般運作，莫頓賽奧科依然努力設法改進這裝置。他們在縫隙填入東西使接頭緊密，但依然有漏隙。威克先生給我看以前飛行時漏隙的照片——在橡皮環後面的黑點，熱氣體從那兒漏出，橡皮環有點兒燒焦，他們稱之為「腐蝕」。我們看完了所有的飛行紀錄，有一圖表顯示在歷次飛行時腐蝕的嚴重性。

我說：「哪裡有他們關於這問題的討論資料？他們是怎麼處理的？是否有任

何進展？」

唯一的紀錄是「飛行前檢查報告」，但是在歷次飛行後竟然都未曾討論密封的問題！我們查閱報告的總結。如同往常，所有敘述都在小「子彈」後面。第一行寫著：

• 接頭缺乏良好的二道密封是最危險的，應盡快設法減低接頭轉動，以降低危險。

然後在頁底寫著：

• 分析現有數據顯示：只要所有的接頭都以每平方英寸兩百磅的壓力做漏氣檢查後*，以現有的設計繼續飛行仍是安全的。

我為這彼此的矛盾而震驚：「假如這是『最危險的』，怎麼又可能『繼續飛行，仍是安全的』？這是什麼道理？」

威克先生說：「是的，我知道你的意思。嗯，讓我們看看，這兒說『分析現有數據……』」

我們回頭看報告，找到數據分析部分。這是電腦模式的分析，使用了一些不盡然正確的假設。你知道使用電腦的危險：放進垃圾，出來的也會是垃圾！分析結果顯示，即使不符最初的設計，一些不可預測的漏隙仍是可以忍受的。

假如所有的密封都漏氣，問題顯然就很嚴重。但現在只有一些密封偶爾在某幾次發射時漏氣，因此航太總署就有了一種特殊的心態：假如只有某個密封漏少許氣而發射是成功的，這問題不太嚴重。這邏輯就像玩俄羅斯輪盤時，你扣下扳機，沒有子彈射出，以為再扣扳機，一定也是安全的……。

威克先生說，密封的老問題已謠傳到新聞界都知道了，相關人員相當困擾，因為這讓航太總署看起來像是想遮掩事情。

＊隨後我們的調查發現，這個漏氣檢查可能就是造成我在ＪＰＬ聽到的，鉻酸鋅粉產生氣泡。

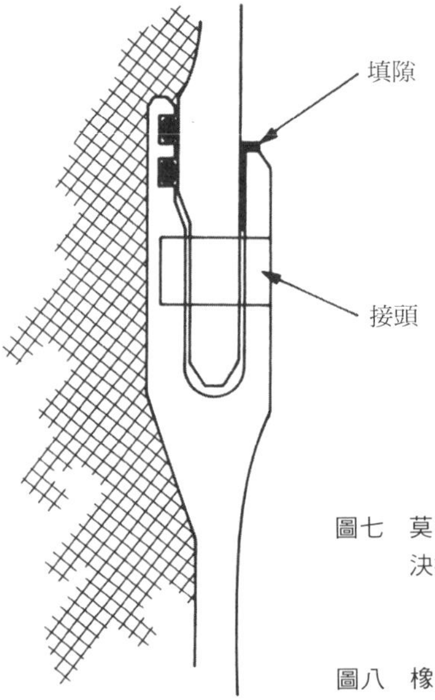

圖七　莫頓賽奧科公司嘗試用填隙來解決接頭轉動的問題。

圖八　橡皮環腐蝕的兩個例子。三十七英尺長的橡皮環常意外發生兩、三英寸的局部腐蝕。

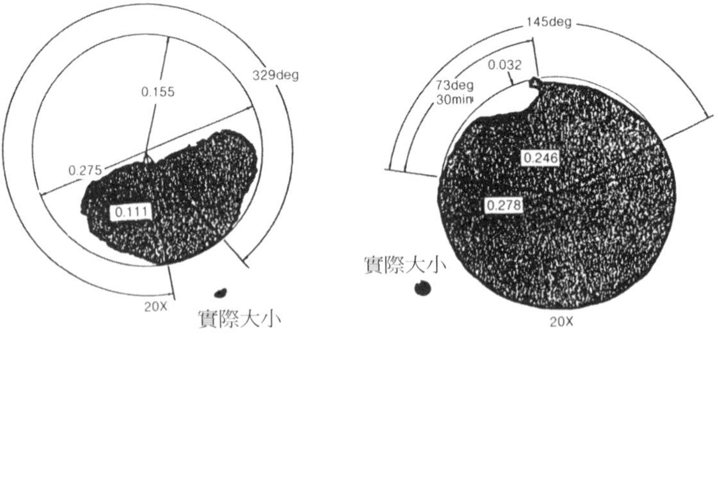

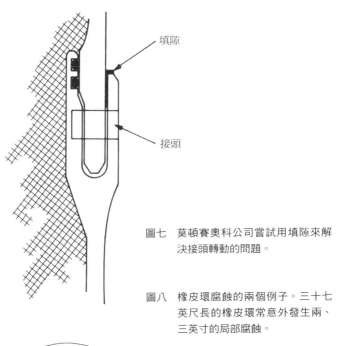

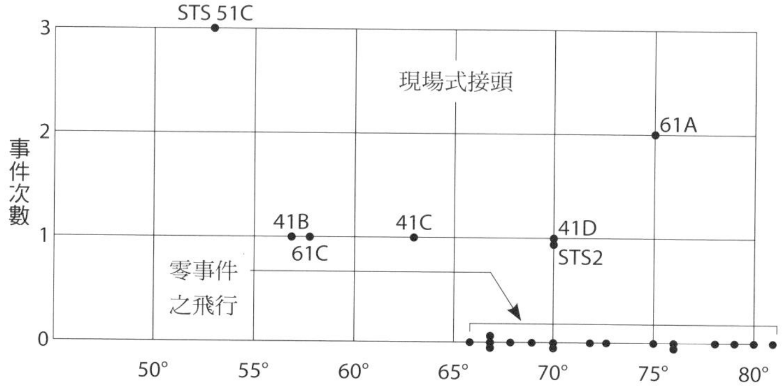

圖九　溫度與橡皮環事之相關圖

- 接頭缺乏良好的二級密封是最危險的，應盡快設法減低接頭轉頭，以降低危險。
- 在引擎點火及運轉時，需要以冷氣體流動模型來建立接頭周遭的氣體流動狀態，以避免橡皮環腐蝕。
- 應使用QM—5靜態測試，來驗證目前唯一的接頭填充物（摻有石棉、可用於真空條件下的粉狀物）之第二種來源，以確保飛行計畫如期進行。
- VLS—1的所有接頭應使用上述唯一經過驗證的接頭填充物。
- 應執行附加的次級加熱、冷卻試驗，以改進橡皮環腐蝕的分析模式，及建立腐蝕橡皮環的安全界限。
- 分析現有數據顯示：只要所有的接頭都以每平方英寸兩百磅的壓力做漏氣檢查後，以現有的設計繼續飛行，仍是安全的。
- 應繼續努力排除固體燃料增力火箭接頭密封腐蝕的問題。

圖十　密封報告內自相矛盾處：其下標以橫線

我告訴他，我對格拉姆安排來和我談話的人非常滿意，至於密封的問題，我早已從ＪＰＬ那兒聽說了，不是什麼大事。

第二天星期日，格拉姆帶我和他的家人去參觀國家航空暨太空博物館。我們一起進早餐，然後過馬路去博物館。

我以為會有很多參觀的群眾，但我忘了格拉姆是大人物，所以我們獨占了這兒一段時間。

我們在那兒看到了萊德。她穿著太空人的服裝，戴著頭盔，裝備完整的站在展示箱中——蠟像栩栩如生！

博物館有個戲院放映有關航太總署及其成果的電影，電影棒極了。之前我還沒有完全體會到有這麼多人花了這麼多功夫，在為太空梭的發射而努力，而電影戲劇化的呈現出來。我看了幾乎要哭了。我了解爆炸意外是多麼可怕。想到有那麼多人的努力，太空梭才得以發射，而它竟爆炸了；我更決心要盡快找出問題所在，使工作人員能回復原來的步調。看完電影，我從半反對航太總署的心態，變為強烈支持它。

那天下午，我接到庫提納將軍的電話。

「費曼教授？」他說：「我有緊急消息告訴你，喔！稍待一下。」

我聽到背景有軍樂隊的音樂。

音樂停止，庫提納將軍說：「對不起，教授，我正在聽空軍樂隊演奏會，他們正在演奏國歌。」

我能想像當樂隊演奏國歌，他穿著制服立正、一手行禮一手拿著電話的情景。

「什麼消息，將軍？」

「喔，第一件事，羅吉斯要我告訴你不要去航太總署。」

我才不管那些，因為我昨天已去了航太總署。

他繼續道：「另外一件事，我們明天下午有個特別會議去聽一個人說話，他的故事今天在《紐約時報》登出。」

我內心覺得好笑：所以星期一我們將有個特別會議！

然後他說：「我今早修理汽車化油器時想起：太空梭在華氏二十八九度時發射，在此以前發射時的最低溫度是華氏五十三度。你是大教授，我想請問你低溫對橡皮環的效應是什麼？」

「喔！」我說：「低溫使它們僵硬，當然！」

那是他告訴我的一切。這讓我在以後的調查工作中受益良多，但這是他的發現。理論物理教授總是要人告訴他問題所在，然後用他的知識去解釋實驗者的發現。

星期一早晨庫提納將軍和我去格拉姆的辦公室，詢問他是否有溫度對橡皮環影響的資料。他手邊沒有，但他說會盡快找到給我們。

格拉姆給我們看了些有趣的照片。我們看到在爆炸前數秒鐘，火焰從固體燃料增力火箭的右邊冒出。從照片很難正確判斷火焰冒出的位置，但辦公室正好有太空梭的模型。我把模型放在地上繞著它轉，直到找出完全酷似照片裡的大小與角度。

我注意到每一增力火箭皆有一漏氣測試小孔，從小孔可施加壓力以檢查密封。小孔在兩道橡皮環間，若沒有關緊或第一道橡皮環失去作用，氣體就會從小孔漏出，形成大災難。這大約是火焰冒出的地方。當然這兒還有疑問：火焰是從測漏小孔冒出？還是較大的火焰從遠處冒出，而我們只看到它的尖端？

那個下午我們開了緊急祕密會議，聽庫克（Cook）先生敘述他出現在《紐約時報》的故事——他被要求去調查密封的問題並估計改進所需的花費時，正在航太總署的預算部門工作。

在與工程師商談後，他發現密封的問題由來已久，因此提出報告說明：改善密封需要花費很多經費。從新聞界和一些委員的觀點看來，庫克的故事聽來像是大爆料，彷彿航太總署故意對我們掩藏密封的問題。

我必須從頭到尾參加這不怎麼需要很興奮的大會——是不是每次新聞報導了一篇相關文章，我們就得舉行特別會議？這樣我們的工作不會有進展的。

稍後，一些有趣的事發生了。起初，我們看到照片顯示，在太空梭剛點火而尚未飛離發射台時，有一陣煙從接頭處冒出，冒煙的部位和之後冒火的部位相同——可能就是測漏小孔。這些都彼此吻合，看來這推測已沒有什麼問題了。

然後事先無法預料的事情發生了。莫頓賽奧科公司的一位工程師麥唐納（McDonald）未被邀請便自行前來參加會議，並提出報告。莫頓賽奧科的工程師知

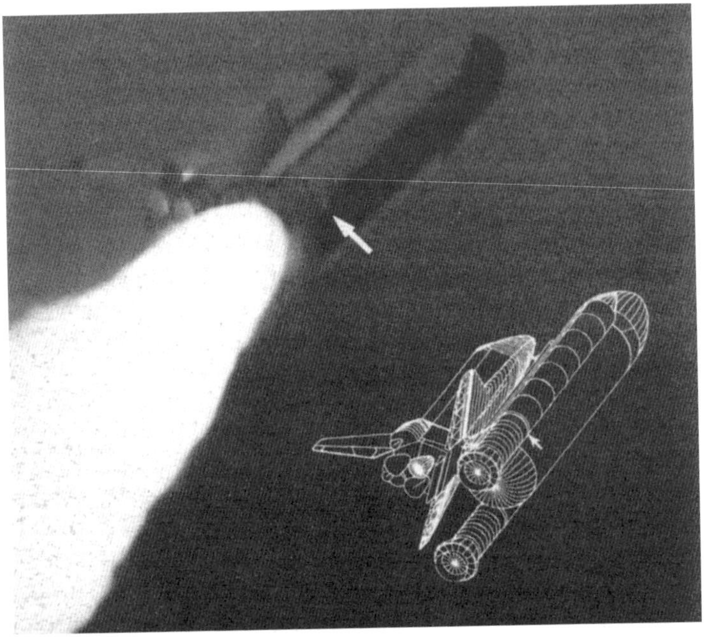

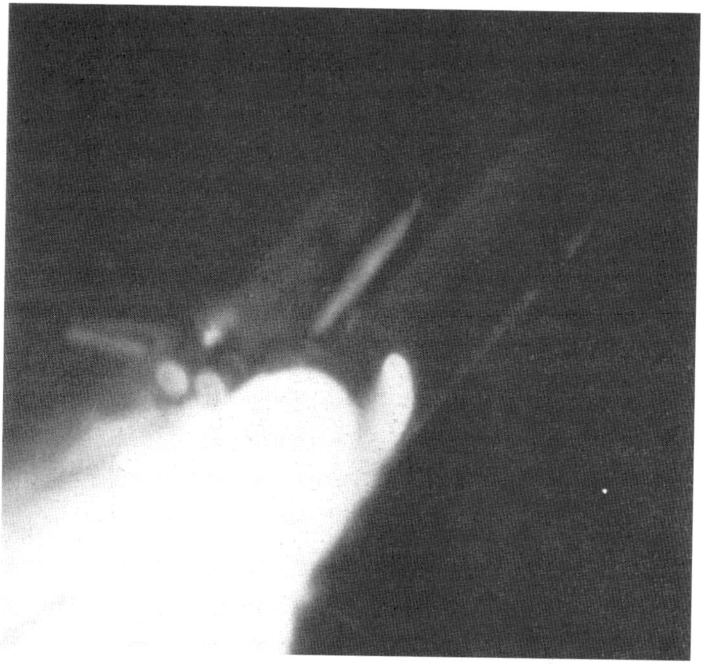

圖十一　挑戰者號太空梭爆炸前火焰蔓延的情況。火焰可能是從漏氣測試孔冒出的。

道溫度對密封的影響很大，他們對此非常憂慮，因此在發射前的檢討會上，他們告訴航太總署人員：若溫度低於華氏五十三度，太空梭不應飛行。而飛行那天的早上，溫度居然是華氏二十九度！

麥唐納先生說，航太總署對此意見非常震驚。主持會議的莫洛伊（Mulloy）辯稱，溫度效應的證據並不完整──一些在五十三度以上升空的太空梭，依然有橡皮環腐蝕的現象──因此莫頓賽奧科公司應重新考慮對發射的反對意見。

莫頓賽奧科回心轉意，但麥唐納先生拒不妥協，說：「假如這次飛行出了差錯，我不願意面對在調查詢問時說，我認可並告訴他們沒問題，去發射太空梭吧！」

這些話太令人震驚了，以致於羅吉斯先生必須問：「我沒聽錯？你真是說……嗎？」並重複了一遍，而麥唐納說：「是的，先生。」

整個委員會都受到震驚，這是我們第一次聽到這故事；不僅太空梭的密封有問題，在管理方面也可能有問題。

羅吉斯決定要好好研究麥唐納的故事，在公開之前對細節做更多的了解。為了讓民眾知道事情進展的情況，明天星期二要舉行公開會議，庫克先生將做見證。

我想：「這像演戲一樣，明天我們要說著和今天同樣的話而學不到新東西。」

我們離去時，格拉姆過來遞給我一疊資料。

「噫！真快！」我說：「我早上才向你要的資料！」格拉姆一直都很合作。

資料首頁寫著：「總統委員會的費曼教授想知道，溫度對橡皮環彈性的效應……」——這是給屬下的備忘錄。

在這備忘錄下是另一個備忘錄：「總統委員會的費曼教授想知道……」——這是從那個屬員到更下層的屬員。

報告是由最基層人員做出的數字，然後層層呈送審核。

因此這疊報告像三明治一樣，答案在中間——回答了錯誤的問題！答案是：「你在某一溫度及壓力下擠壓橡皮環兩小時，然後看它花多少時間回復原狀。」但我要知道的是，發射時橡皮環在千分之秒內的反應，這些資料毫無用處！

我回到旅館，倍覺無奈的吃著晚餐，我看到桌上有杯冰水，告訴自己：「管他

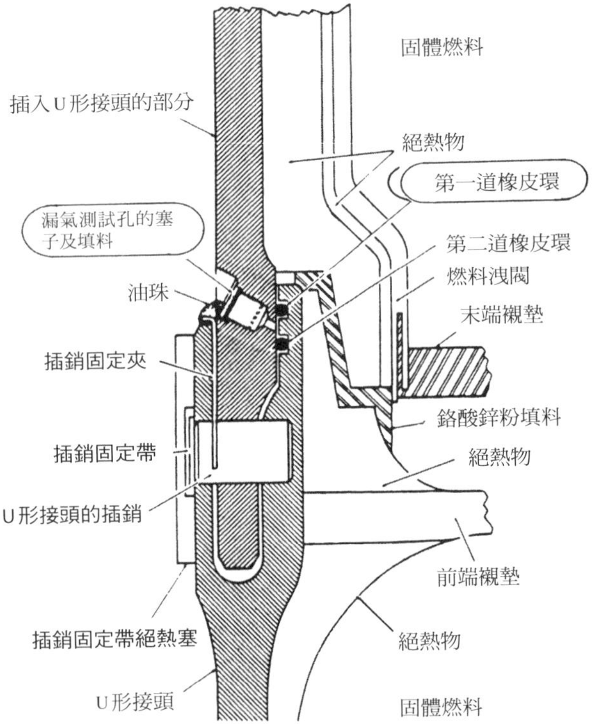

圖十二　密封不確實的漏氣測試孔，可能就是火焰燃燒過第一道橡皮環後的流竄途徑。

圖十三　含有未燃燒的微細顆粒的黑煙，正是從後來發生火焰的地方冒出的。

的，我可以自己找出橡毛環的溫度效應，而不需航太總署來回的送資料。我只需拿到橡皮環自己試一下即可！」

我想：「明天我們坐在會議室裡聽庫克先生說故事時，會議桌上的冰水，就可以當場做這個實驗，那可節省我的時間。」

然後我想：「不，這很驢。」

隨即我想到物理學家阿瓦雷茲（Luis Alvarez，一九六八年諾貝爾物理獎得主），我一向很佩服他的膽識及幽默。我想：「假如阿瓦雷茲在委員會裡，他一定會這樣做，這個理由夠好了。」

有很多偉大的物理學家三兩下就可以把問題解決，而其他人用複雜而詳盡的方法研究，依然一頭霧水。例如在紫外線和X光發現以後，法國人布朗德（André Blondel）發現了N射線。N射線很難偵測到，其他的科學家皆無法重複布朗德的實驗，因此有人請偉大的美國物理學家伍德（Robert W. Wood）去布朗德的實驗室看看。

布朗德公開演說並示範N射線的實驗。N射線會被鋁彎曲，因此他排列各式的透鏡，最後把鋁稜鏡放在轉動盤中央。鋁稜鏡緩慢轉動時，N射線就從這方向來，彎曲到那方向去，布朗德的助理則在一旁報告不同角度時射線的強度。

N射線受光影響，因此布朗德關了燈以增加強度檢測的敏感度，他的助理繼續報告射線的強度。

燈光又重新亮起時，只見坐在最前排的伍德用指尖高高撐著鋁稜鏡，讓大家看看所謂的N射線。N射線的故事到此結束。

我想：「這就是了！我要拿到一個橡皮環樣本。」我打電話給格拉姆。

橡皮環放在甘迺迪太空中心，不可能拿到，但格拉姆想起明天會議中要用到的接頭模型上有兩個橡皮環。他說：「開會前先在我的辦公室碰面，試試看能不能拿出橡皮環。」

第二天一早起來走出旅館，正是清晨八點，外面下著雪，我叫了計程車告訴司機：「我要去五金行。」

「五金行嗎？先生。」

「是的，我要買些工具。」

「先生，這兒附近沒有五金行，國會大廈在這裡，白宮在那裡——等一下，我記得有一天經過了一家五金行。」

他找到了五金行，八點半開門。現在是八點十五分，我穿著外套，打著領帶，站在外面等，這套服裝是為了在華盛頓這段時間看來不致唐突而帶來的。

外套是華盛頓人在有暖氣的室內穿著的，從一棟建築物走到另一棟建築物，或從室內走出去搭計程車時，也可以這麼穿。但本地人似乎很怕冷，他們待在室外時會再加上一件大衣。我沒有帶大衣來，所以穿著外套站在雪天裡看來很奇特。

八點三十分，我進去買了螺絲起子、鉗子及最小尺寸的C形夾，然後回航太總署。

在去格拉姆辦公室的途中，我想夾子可能太大了，於是跑去航太總署的醫學部門，要一個夾在橡皮管上的醫用夾子。

他們沒有夾子，但是有個人說：「讓我看看你的C形夾能不能放進玻璃杯！」

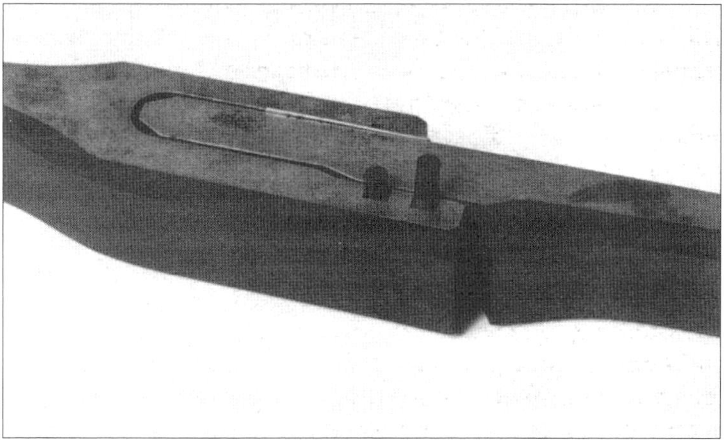

圖十四A　現場式接頭之模型，費曼從上取下橡皮環。

它很容易的放進玻璃杯。

我便去格拉姆的辦公室。

橡皮環很簡單就用鉗子從模型中拿出來，我手上拿著橡皮環。雖然我知道在公開會議中第一次做這個實驗將更富戲劇性而且誠實，但如同今天在公開會議前先演練了一個祕密會議一樣，我無法抗拒誘惑的先行排演了這個實驗，結果正如預期。於是我把橡皮環放回模型中，讓格拉姆帶至會場。

我帶著鉗子和C形夾前去開會，坐在庫提納將軍的旁邊。

在上次開會時，每個人桌上都有

一杯冰水，這次卻沒有。我起身找到管理會場的人說：「麻煩你給我一杯冰水好嗎？」

他說：「好！好！」

五分鐘後警衛關門，會議開始，我還沒有冰水。

我向剛才那個人打手勢，他過來說：「沒問題，就來了。」

會議進行著，莫洛伊先生開始向我們說明與密封相關的事情（顯然航太總署希望在庫克之前先講），模型在會場中傳遞，每個委員都看了它一下。

還是沒有冰水！

莫洛伊先生用航太總署慣常的方法解釋密封應如何作用。他用些滑稽的專門字眼和字母簡稱，外行人是很難聽懂的。

為了讓事情進入情況，在等冰水時我開始說話：「在發射時，由於振動會使火箭接頭有點移動，對嗎？」

「是的，先生。」

「在接頭裡，所謂的O形環應該膨脹而密封住接頭的縫隙，是嗎？」

「是的，先生，在靜態時它們應該直接與接頭的陰陽面接觸，並壓縮了兩千分之一英寸。」

「我們為什麼不拿掉橡皮環？」

「因為那樣熱氣體膨脹時會經由接頭漏出……」

「為了使密封正確的作用，O形環必須用橡皮製造，不能用沒有彈性的東西。」

「是的，先生。」

「如果O形環沒辦法在一兩秒內回復彈性，那也是相當危險的囉？」

「是的，先生。」

這些對話導引我們至低溫及橡皮彈性的問題上，我要證明莫洛伊先生應該早已知道溫度對彈性的影響。但冰水依然沒來，我得在這兒打住，其他人開始發問。

模型繞到了庫提納，然後是我。我從口袋中拿出了夾子和鉗子，把模型拆開，取出O形環在手中，可是我依然沒有冰水！我轉過身向會場管理人做手勢，他也打手勢回應：「別擔心，馬上來！」

很快的我看到在最前面的地方，一名年輕婦女手托茶杯盤，她先給羅吉斯倒了杯冰水，再為阿姆斯壯倒杯冰水，然後是其他委員……。年輕婦人進進出出，茶壺、玻璃杯、冰塊、杯墊全都打理得一個不缺，於是每個人都有了一杯冰水！

終於，我的冰水來了，我沒喝它，逕自用C形夾夾緊橡皮環放在冰水中。幾分鐘後，我準備告訴大家實驗結果，想按下麥克風的發話鈕。專注於我的實驗的庫提納將軍傾身過來說：「副駕駛對駕駛發話：不是現在。」

但沒多久我又想說話了。

「不是現在！」他指著簡報資料，裡面有莫洛伊先生講過的圖表和幻燈片，「等他講到這張幻燈片，就是你發話的時候了。」

終於，莫洛伊先生講到那兒，我按下發話鈕，說：「我從模型裡拿出橡皮環，用夾子夾緊放進冰水中一段時間。」

我把夾子取出，高高舉起，鬆開夾子，我說：「我發現鬆開夾子時，橡皮環不

圖十四B　橡皮環的冰水實驗

會彈回去。換句話說，在華氏三十二度時，橡皮環在壓縮後的幾秒鐘內沒有彈力，我相信這現象對我們的問題很重要。」

在莫洛伊先生答話以前，羅吉斯說：「當然，這是我們談到氣候影響時會慎重考慮的問題，我相信莫洛伊先生知道此點的重要性，並將在以後的會議裡提出評論。」

午餐休息時，很多記者過來詢問這類的問題：「你在談論O形環或黏膠？」「請你解釋O形環是什麼，好嗎？」原本我很失望在會議中不能說明我的觀點，但當天晚上，所有的新聞節目都強調了這個實驗的意義。第二天，新聞報導完美的解釋了一切。

第十二章

檢查六點鐘方位

我的表妹法蘭西絲給我上了有關新聞界的一課。在尼克森總統及福特總統時代，她是美聯社駐白宮記者，現在是有線新聞網（CNN）的記者。法蘭西絲曾談到那些懼怕新聞界的傢伙從後門溜走的故事。從她那兒我得來的印象，是新聞界並不幹什麼壞事，記者只是要幫大家了解，對他們禮貌點沒什麼不好。

我發現如果給他們機會，他們真的很友善，所以我不怕記者，總是回答他們的問題。

記者告訴我，我可以要求「不具名」。但我不想來這套，我不想看來在洩露什麼，所以我與新聞界談話時，總是直來直往。結果我的名字天天上報，到處都是！

看來似乎只有我總是回答記者的問題，常常委員會其他成員急著去吃午餐，而我卻留下來回答問題。但我想：「如果你遇到問題都跑開，那要公開會議做什麼？」

我們終於能吃午餐時，羅吉斯又會提醒我們不要和記者說話，我大約總是說：「啊！我剛告訴他們O形環的事。」

他會說：「那可以，你做得不錯，費曼博士，我沒有意見。」所以我從沒搞清楚他的「不要和記者說話」是什麼意思。

委員會的工作相當緊張，所以我喜歡每隔一陣和法蘭西絲及查理共進晚餐。查理是我的外甥，他在《華盛頓郵報》工作。因為羅吉斯老是提起洩密，我們便很小心從不談任何我做的事。如果CNN需要從我這兒知道些什麼，他們得另派記者，郵報也是如此。

我告訴羅吉斯我的親戚在新聞界工作：「我們答應不談我的工作，你認為有沒有問題？」

他微笑著說：「這完全沒有問題，我的堂弟也在新聞界，根本沒有問題。」

委員會星期三沒事，庫提納將軍邀請我去五角大廈，教我了解空軍和航太總署間的微妙關係。

這是我第一次到五角大廈，這兒的每一個人都穿著制服聽命行事，和一般老百姓的生活大不相同。他向其中一人說：「我要用簡報室。」

「是的，長官。」

「我們要看某某號及某某號的幻燈片。」

「是！是！長官。」

庫提納將軍在簡報室為我做了一個很好的報告時，這些人都在為我們服務。幻燈片是從透明的牆壁後面放映出來的，很神氣。

庫提納將軍會說像這樣的話：「某某參議員在航太總署的口袋裡。」我會半開玩笑的說：「不要告訴我這些閒話，將軍，你讓我腦袋發脹，但是也請放心，我會全部忘光。」我要自己心無成見；我要先找出太空梭事件的原因，政治壓力的事以後再說。

簡報時，庫提納將軍看出委員會每一成員因其工作關係都有弱點：他身為空軍太空梭計畫前任負責人，很難對航太總署提出刁難的問題；萊德仍在為航太總署工作，所以她也無法隨心所欲的發問；卡佛特先生曾是航太總署的顧問等等。

我說：「我為加州理工學院工作，但我不以為那是弱點！」

「好！」他說：「對的，你看來沒有弱點，但我們空軍有個習慣，檢查六點鐘方位。」

他解釋道：「一個傢伙單飛，四面看看，覺得安全極了，然後另一個傢伙從後方飛來（六點鐘方位，十二點鐘方位則為前方）開火；多數飛機是那樣子打下來的。自以為安全就是危險。總是有弱點，你得找出來。檢查六點鐘方位！」

一個助手進來，說有別人要用會議室。庫提納將軍說：「告訴他們，我們十分鐘就完了。」

「是的！」

我們終於出去。走廊上站著十位將軍等著用那會議室，而我坐在裡面一個人聽簡報。我覺得很爽！

這天剩下的時間，我寫了封信回家，當我描述羅吉斯對我與法蘭西絲斯及查理來往的反應時，我開始擔心要「檢查六點鐘方位」。我寫道：

……我對羅吉斯的反應感到高興，但走筆至此，我有另外的想法。在他前幾次的會議裡談到洩密的重要性等等之後，這樣的反應太輕鬆簡單了。我是不是被擺了一道？（看，親愛的，首都的神經質症候群已降臨我身上。）……我想，這裡面可能有人不想讓我知道某些事，假如我涉入太深，可能會遭到毀謗……因此，我必須很不情願的暫時不和法蘭西絲及查理來往。嗯，我要先問問法蘭西絲，這樣是不是太神經質了。羅吉斯看來很友善而信任我。但他的反應太輕鬆了，我對他而言或許是芒刺在背。

第二天早上六點十五分，我們搭兩架專機飛往甘迺迪太空中心聽簡報。毫無疑問我們會四處走走，有關人員指給我們看一切東西，但沒有時間與任何人討論技術細節。這對工作沒有用，假如我對星期五的安排不滿意，我會待到星期六和星期日，甚至星期一和星期二。我決定要找出原因——攤牌吧！

我猜想他們會讓我這樣做，使我被一大堆的數據和細節淹沒……這樣他們才有時間去軟化危險的見證人。但這沒用的，因為(一)我消化技術資料的速度，遠比他們想像的快。(二)我已經嗅到了蛛絲馬跡，我喜歡這些味道，因為它們就是刺激探險的足跡。

我覺得自己像是到瓷器店闖大禍的母牛。喔，母牛會乖乖待在農莊裡的；更好的比喻是，我是闖進瓷器店的公牛，因為店裡擺了瓷做的母牛。

或許我寧可待在家做其他事，但我在這兒也很愉快。

愛你的　理查

新聞界一直報導，航太總署在很大的政治壓力下發射太空梭，以及壓力來自何方的種種說法。對我而言，那是具有巨大力量的神祕世界。好，假如我保護自己，那什麼事都不會發生；但我得很小心。

第十三章

神探出馬

終於，星期四一早，我們到了佛羅里達。本來的構想是帶我們在甘迺迪太空中心走一圈看所有的東西，但由於消息走漏，我們先舉行了一個公開會議。

首先，我們看到太空梭還在發射台上時，就已經冒煙的詳細照片。約有上百架照相機對著待發射的太空梭，有兩架照相機正對著冒煙的地方，但那兩架照相機很奇怪的都沒拍到照片。無論如何，從其他相機的照片，我們看到四五陣黑煙從接頭處冒出；黑煙並非來自燃燒，只是些碳粉和髒東西，被火箭內的壓力擠出來。

黑煙在數秒鐘後停止，縫隙不知何故暫時又堵緊，只是在一分鐘後又裂開。

我們討論有多少東西在黑煙中跑出來，黑煙約有六英尺長、數英尺厚，黑煙內含物的量隨顆粒的大小而異。煙雲中永遠可能有大塊的東西，所以很難推斷其質量。而且由於照片是自側面照的，可能有更多的煙在火箭的另一邊。

我先假設某一定量物質產生最大量煙時的顆粒大小，來計算逸出火箭的物質量。算出小得出人意表的結果——約為一立方英寸。假如你有一立方英寸的東西，就能產生那麼多的煙。

我們要求看其他發射時的照片，發現在以前的飛行中，從來沒有冒煙的情況。

圖十五　冒煙的詳圖，攝自太空梭發射台。

我們從管理破冰工作小組的人員史蒂文生（Charlie Stevenson）那兒聽說了低溫的事情。他說當夜溫度下降至華氏二十二度，但工作小組人員居然在發射台量到八度的超低溫，他們不懂得是什麼原因。

在午餐休息時，當地電視台的記者問我關於低溫的意見，我說看來是主燃料槽的液態氫及液態氧把周遭的冷空氣催得更冷了。記者大概認為我告訴了他一些重要的祕密，所以在當晚的報導中沒有引用我的名字，只說：「這是來自一位諾貝爾獎得主的解釋，應該是對的。」

下午，測量人員告訴我們，太空梭最後時刻的所有資料，幾百種的測量結果都顯示狀況正常：氫氣槽的壓力在火焰冒出後數秒突然下降，導航太空梭的兩具陀螺儀一直運轉正常，直到後來其中之一轉得比另一個快——這是因為火箭起火時，外噴的氣體產生了側向力所造成的。氫氣槽爆炸時，由於燃管壓力下降，主引擎還曾自動關閉。

會議一直開到晚上七點半，因此我們把參觀的行程延後到星期五，直接去吃晚餐了。

晚餐時，我恰巧坐在基爾（Al Keel）的旁邊，他在星期一加入委員會為執行祕書，協助羅吉斯處理我們的工作。他來自白宮的預算管理局，能幹的名聲在外，羅吉斯直說我們找到這麼好的人真幸運。

基爾博士是太空博士，曾在柏克萊大學做過博士後研究的工作，這讓我印象深刻。星期一他自我介紹時，開玩笑的說他最後做的一件真本事工作，是十年或十二年前在太空梭計畫中的太空力學工作。因此我覺得和他在一起很愉快。

我和基爾博士談了還不到五分鐘，他卻告訴我，他一生中從未受過如此的侮辱，他做這份工作不是來受辱的，他有生之年不想再和我說話！

噢！我總不記得做了什麼蠢事或怎麼惹惱了人，因此忘記自己到底說了些什麼惹火了他。不管是什麼，我想是玩笑話，因此非常訝異於他的反應；我顯然說了些兇悍而愚蠢的話，但我全無印象！

然後，有五分鐘或十分鐘氣氛都很緊繃，我直道歉試著再繼續談話，最後我們終於又談了些話。我們不是多麼好的朋友，但至少還能和平相處。

星期五早晨，我們又有一個公開會議，聽莫頓賽奧科公司和航太總署的人員報告發射前夜的狀況，每一件事都非常緩慢的進行——見證人不太願意告訴你每一件事，因此你必須正好問到對的問題才能得到答案。

委員會的其他人腦筋都非常清楚。例如，沙特先生會精確的問像這樣的問題：「在如此這般情況下，你們接受的品質標準是什麼？」結果是他們沒有這種標準。柯佛特先生和沃克先生也一樣。每個人都問了很好的問題，但大部分的時候我如墜五里霧中，有一點兒跟不上。

然後莫頓賽奧科公司改變了立場。羅吉斯和萊德詢問公司的兩位經理梅森（Mason）和隆得（Lund），在最後一刻有多少人反對發射。

「我們沒有投票表決。」梅森回答。

「有相當多的人反對還是只有一兩個人反對？」

「我想大概有五六位工程師說，在這種溫度發射不夠安全，問題是我們不確定在低溫下能否正常運作。」

「所以，贊成、反對各占一半？」

「這只是估計的數字。」

莫頓賽奧科公司經理的搖擺，讓我震驚，但我只知道問些簡單問題，因此我說：「先生，你能依照他們的能力順序，告訴我你們公司中四位最優秀密封專家的名字嗎？」

「波薛力（Roger Boisjoly）和湯姆森（Arnie Thompson），然後是卡波（Jack Kapp）和伯恩（Jerry Burns）。」

我轉向波薛力，他就在會議中：「波薛力先生，你同意這次的飛行嗎？」

他說：「不，我不同意。」

我問湯姆森先生。

「不，我不同意。」

我說：「卡波先生呢？」

隆得說：「他不在這裡。在會後我曾問他，他說：『就我們手邊所有的資料，我會做這種決定。』」

「第四位先生呢？」

「伯恩，我不知道他的意見。」

「因此，」我說：「四位裡面，有一位的意見我們不知道，一位很可能贊成，兩位最好的專家立刻回答不贊成，所謂正反意見平均根本是胡扯。你聽聽看，最了解密封的專家，他們說的是什麼？」

傍晚時分，我們參觀太空中心。行程很有趣，並未如我想像的那麼糟，其他的委員問了很多重要的問題。我們沒有時間看增力火箭的裝配，但我們會看到火箭殘骸。我不喜歡這種團體活動，所以未參加其餘的行程。

我跑去史蒂文生那裡，看了更多的發射照片，也找到了更多關於低溫的紀錄。這些人很合作，願意讓我和他們一起工作。我等了十天，才能在這樣的地方四處察看，終於，我在這裡了！

晚餐時，我向羅吉斯說：「我想留在這兒過週末。」

「費曼博士，」他說：「我還是喜歡你今晚和我們一起回華盛頓，當然啦，你可以做任何你想做的事。」

「那麼，」我說：「我要留在這兒。」

星期六，我與發射當天早上記錄溫度的人談話，他叫戴維斯（B. K. Davis），是個好人。他測量空氣、火箭、地面、冰，甚至地上混有抗凍劑的泥雪漿溫度，做得很完備。他每記錄一個溫度，同時也記錄了時間，然後再畫圖——你可以看到，他在發射塔爬上和爬下時，分別量到的溫度有很大的差距。

航太總署計算過發射台上的溫度變化，認為溫度應該較高而均勻。有人於是提出解釋：熱量輻射至晴空中，導致實際溫度較低；但其他人注意到，戴維斯對於泥雪漿的溫度測定值是華氏八度，較照片顯示的低，泥雪漿在此溫度下應該已凍成固體。

然後我們檢查除冰小組測量溫度的裝置；我找到了操作手冊，發現那種裝置應在環境中放置至少二十分鐘，才可以使用。戴維斯說，他從華氏七十度的袋中拿出它，就開始測定溫度了。因此我們得找出這當中的錯誤，換言之，是否能重現當時的狀況？

星期一我打電話找製造此裝置的公司，向他們的技術人員說：「嗨，我是費曼，是調查挑戰者號事故的委員，我想請問你有關紅外線掃描槍的問題……」

「我待會兒回電給你好嗎？」他說。

「好的。」

過一會兒他回電話說：「對不起，這是專利，我不能告訴你。」

這時我知道困難所在了，這家公司以為我們要責怪事故的原因與測溫裝置有關，臉都嚇綠了。我說：「先生，你們的掃描槍與事故無關，由於使用的人沒有依照手冊來操作，所以我想試著重現以往的錯誤，來確定那天早上真正的溫度，因此我需要多知道這裝置的性能。」

最後這個人終於肯出面，而且非常合作。有了他的幫助，我指導除冰小組人員做這個實驗。他們把一間房間冷卻至華氏四十度，然後放進去一塊大冰塊，冰塊的表面溫度是華氏三十二度。然後把放在華氏七十度房間的掃描槍拿來，每隔三十秒測量一次冰塊的溫度，這樣他們就可以得知，隨時間的變化，溫度計測得的溫度較實際低多少。

戴維斯當時的紀錄非常清楚，因此很容易修正所有的數字。很神奇的，重新計算的溫度非常接近理論模式的計算值，看起來很合理。

後來我與記者談話時，直言有關溫度的一切，並告訴他：先前那位諾貝爾獎得主的理論是錯誤的！

我寫了一份有關溫度問題的報告，送給基爾博士。

然後，我開始調查意外的可能原因之一：當前一次太空梭升空後，增力火箭掉到海中時，由於衝力而壓彎了點。在甘迺迪中心，它被拆開，各節（每個火箭有四節）用火車送回猶他州的莫頓賽奧科公司，在那兒充入新燃料，再放回火車送回佛羅里達。輸送時，橫躺的箭體由於燃料重量又壓彎了點。全部雖只壓扁了幾分之一英寸，但當各節接回去時，就有足夠漏氣的一個小縫：O形環只有四分之一英寸厚，卻壓了兩百分之一英寸！

我想要做點計算。航太總署提供了我所要的數據：各節可以壓扁多少。我試著算出一共擠扁了多少，在哪兒擠，也許擠得最扁的地方就是漏氣的地方。他們提供

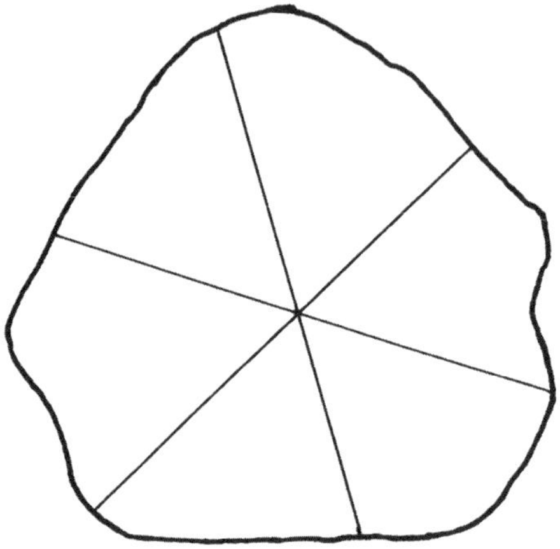

圖十六 這圖的直徑都等長，但絕不是圓形！

每隔六十度角的直徑長。但三個等長的直徑無法保證它是圓的，六個也沒辦法。

譬如，你可以畫一個正三角形，各角略微削圓。把正三角形的中心當圓心，三個直徑都相等呀，但它並非圓形。

所以航太總署提供的數字沒有用。

正如我在家書中預測的，那週末我一直從委員會總部得到指示：「檢查溫度讀數、檢查相片，檢查這個、檢查那個……」真是不少。但指令來時，我大都已做過了。

有一指令是找一張神祕的紙條。

甘迺迪中心有人在組合增力火箭時寫：「讓我們搞定吧！」這種語氣似乎有點不負責任。我的任務：找到那字條。

好呀！此時我已知道航太總署有多少文書。這顯然是個要我迷失方向的招式，所以我沒理它。

謠傳航太總署一定要在那麼冷的一月二十八日發射，是因為總統要在那晚做國情諮文演講，而那教師，麥卡莉芙（McAuliffe）女士則要從太空向總統及國會講話。計畫是頗偉大的，總統會說：「哈囉，妳好嗎？」她會說：「很好……」真是戲劇化！

故事聽來很合理，我假設這是非常可能的，但是證據呢？我不知如何調查這種事，我只能想到：要和總統通話很難，我也不能就這麼打電話給太空中的太空人，跟他們談話。因此，把信號從太空梭傳給在國會演講的總統，是頂複雜的事。為了查訪是否有人安排這件事，我找到最基層的人員詢問技術上的問題。

他們指給我看天線，告訴我頻率，他們給我看巨大的無線電系統和電腦系統；他們告訴我所有的工作方法。

我說：「假如你要傳這個訊息到馬歇爾太空中心去，你們怎麼辦？」

他們說：「噢，我們只是轉接站，所有的信號都自動送到休士頓，在那兒發射所有的信號。」

所以我在甘迺迪中心沒有找到任何證據。但那兒的人對我太好了，每一件事都很愉快，讓我覺得很難過；我不喜歡騙人，而我做的事卻有點兒狡猾。但我想，當我到休士頓時，最好還是做同樣的事。

星期一，侯茲到佛羅里達和我一起工作。（他後來告訴我，他接到特別指示，要來看我在做些什麼，並讓我不要太「野」。）侯茲帶來要仔細檢查的單子：「很多東西在名單上，」他說：「我很高興和你一同工作。」有些事他說他很容易辦到，其餘的事我都已經做了；除了那張寫著「搞定吧！」的字條。

侯茲暗示那可能來自組合增力火箭的工作人員的日記。對我而言這不是線索，我就是不想去管它。反而我去看藍伯思（Lamberth），他說想和我談話。

藍伯思是高層工作人員，負責組合增力火箭，他告訴我一些問題：「工作人員以往的紀律很好，」他解釋：「但是現在他們不再像以前那樣了。」他舉了兩個例子。

第一個故事與把海中撈回的增力火箭拆開有關。火箭的不同節由一百八十根插銷環繞一圈組合在一起，每根插銷的直徑約一英寸半，長約兩英寸。

有一種把火箭拆開的方法：工作人員要把火箭拉高一段距離，此時他們要注意只能施加約一萬一千磅的力量。從物理學的觀點來看，這方法較好，因為把重量從插銷移去。

有一次壓力表不對勁，工作人員一直加力，並奇怪為什麼還沒有到一萬一千磅，突然之間一根插銷裂開了。

藍伯思責怪工作人員不依規定步驟行事。這讓我想起，有一次在姨媽的旅社裡想把事情做好些，可是反而出了意外……。*

第二個故事與火箭的組合有關：正常的步驟是把一節火箭架在另一節上方，

* 編注：請參閱《別鬧了，費曼先生》第三十六頁。

再將上節與下節配合連接好。

若一節火箭需要稍加整形，通常是用起重機舉起吊在一邊幾天。若懸吊的方法不能使箭體維持得夠圓，另有一個方法：使用「壓圓機器」增加壓力。壓圓機器是一根機械桿，一端有水壓機，另一端為螺帽。

藍伯思說壓力不得超過每平方英寸一千兩百磅。有一次，一節火箭用到一千兩百磅壓力時仍不夠圓，一名工作人員便拿起螺旋鉗在另一端旋轉螺帽，壓力頓時高到一千三百五十磅。「這是另一個工作人員缺乏工作紀律的例子。」藍伯思說。

我一直想要和從事組合工作的人員談話（我喜歡這種事），因此我安排第二天下午兩點半與他們見面。

兩點半，我進入房間，長桌上坐了三四十人。每人看來都鬱悶而嚴肅，準備和調查委員談話。

我害怕了，我從不知道自己擁有的權力，我可以看出他們在擔心，他們一定知道我正在調查他們的錯誤。

我立刻說：「我沒什麼事做，所以想過來和你們這些裝配火箭的人談談。我不要任何人為了我想知道些事情的好奇心而放下工作，我只是想和工作人員談談……」

大部分人起身離去，六七個人留下——裝配火箭的人員、領班和老闆。這些人還是有些害怕，他們不真想說出心裡的話。我第一件想說的是：「我有一個問題：當你測量三個直徑而三個直徑等長時，兩節火箭真能完全聯接在一起嗎？對我來說似乎有可能一端凸起而另一端扁平，所以雖然三直徑一樣長，而兩節火箭卻不能吻合。」

「是的，是的！」他們說：「我們遇過像那樣的凸塊，我們叫它奶頭。」現場唯一的女人抗議道：「這可跟我無關。」於是大家都笑了。

「我們一天到晚有奶頭，」他們繼續：「我們試著告訴老闆，但總沒機會。」我們談到細節，我問起理論上可能發生的問題。但對他們而言，我好像是個懂得技術問題的尋常人，於是他們很快的放鬆了，告訴我各式各樣他們改良東西的主意。

例如，他們使用壓圓機器時，必須把桿穿過正對兩邊的孔。由於有一百八十個孔，所以他們必須確定桿的另一端要正好通過相隔九十個孔的孔。因此你必須爬到一個尷尬的位置去數孔，這是費時而困難的。

他們認為用油漆每隔九十度做一個記號可以省很多事，這樣他們最多只要順時針或逆時針數二十二個孔。

領班費特（Fichtel）先生說，他兩年前曾對老闆做此建議，但無下文，詢問理由時，老闆說這個建議花費太多。

「油漆四個記號花費太多？」我不相信的說。

他們都笑了。「不是油漆，是紙上作業，」費特說：「這樣得修正所有的操作手冊。」

裝配工人還有其他的建議。他們關心把兩節火箭聯接時互相摩擦，金屬屑會掉入橡膠密封，使其受損。他們甚至建議重新設計密封，建議雖然並不好，重要的是他們有在想！我得到的印象是他們並非不守規定，他們對所做的工作極有興趣，只是缺乏鼓勵。沒有人注意他們，而在這樣的情況下他們的士氣還如此高，真是難能可貴。

然後，工人開始和留下的老闆談。「我們對一些事失望，」其中一人說：「委員會來看增力火箭的裝配時，是由經理示範；為什麼不讓我們來做？」

「我們擔心你們懼怕委員而不願意做。」

「不，不，」工人說：「我們認為自己做得很好，我們願意示範我們做的東西。」

開完會，老闆帶我去自助餐廳，我們吃飯時，他說：「我很訝異他們這麼介意那件事。」

事後，我與費特談起加壓超過一千兩百磅的事，他給我看他的筆記——不是正式蓋章的文件，而是非正式但仔細書寫的日誌。

我說：「我聽說壓力高達一千三百五十。」

「是的，」他說：「我們鎖緊了另一端的螺帽。」

「正常的步驟是怎樣呢？」

「噢，」他說：「在書上。」

他翻開手冊指給我看，上面寫著：「在水壓機上加壓，若無法得到所需的圓形，小心旋緊另一端的螺帽，以得到需要的圓形。」白紙黑字這樣寫著；可沒有寫旋緊螺帽會使壓力超過一千兩百！寫手冊的人大概不知道這件事。

費特在日誌上寫著：「我們非常小心的旋緊螺帽」——和手冊上完全一樣的語詞。

我說：「藍伯思說他曾指責你加壓超過一千兩百。」

「他從未指責我這件事；他為什麼要指責我？」

我們猜想事情大概是這樣的：藍伯思的指責層轉而下，直到中層管理人員知道費特是依照書上的指示去做，錯在手冊；他們沒有告訴藍伯思真相，相反的將指責拋到一邊不做任何事。

午餐時，費特告訴我稽查的步驟。「每個步驟都有一張表，上面有蓋章簽署的格子——一個來自督導員，一個來自品管員，一個來自製造商，對於較重要的還有一個來自航太總署。」

他繼續說：「我們測量，『弄圓』一次，然後再測。若兩次不符，就再重複以上步驟。最後，直徑間差距夠小時，我們就搞定了。」

我醒了來，「搞定了，指的是什麼意思，聽來很隨便。」

「不，不，」他說：「我們用這表示所有條件都通過，可以進行下一步了。」

「你曾寫下『搞定了』的字句？」

「是的，有時候。」

「讓我們看看，在哪裡寫的。」

費特先生在他的日記裡找到一個例子。看來此話對他頗為自然，這是他的慣用語。

星期一與星期二，我在甘迺迪中心到處看。羅吉斯在參議院一個聽證會上作證。國會正考慮是否要獨立調查。

南卡州的何林斯（Hollings）參議員對羅吉斯尤其嚴厲。他說：「羅吉斯先生，我很關心你是否有夠好的人員。委員會有幾個調查員？」

羅吉斯說：「我們不像警方那樣調查。我們談資料，了解他們的意見，舉行聽證會，和證人談等等。我保證人員足夠。」

參議員說：「我就是指這點。依我的經驗，我會派四五個懂科技的人去卡納維爾角*那兒和每個人吃飯聊聊。你若在那兒的餐廳混上兩個星期，就會發現很多東西，多到讓你嚇一跳。你不能只坐在這兒讀人家給你的東西！」

羅吉斯辯道：「我們不是只坐著讀。我們有一大堆人在會議上問許多問題，而不是弄個神探去一個個問。」

「我了解。」何林斯參議員說：「但我就是覺得若你少了神探，結果會有問題。總統委員會的毛病就是那樣，他們讀人家餵的資料，而不去挖背後的東西。然後，就會有一堆記者去研究調查。到現在，人們還在研究華倫委員會。」★

羅吉斯冷靜的回答：「我謝謝你建言。參議員，也許你有興趣知道，委員之一是諾貝爾獎得主，現正在佛州那兒按你說的法子進行調查。」

（他不知道他說此話時，我正和一些工程師吃飯。）

何林斯參議員說：「我對諾貝爾獎得主的能力沒有疑問，他寫的東西，我讀來頗有興趣。委員會的能力不容置疑。你已告知公眾很多很有意思的東西，我相信你們工作得很努力，大概也不會有什麼疏漏的地方。」

所以我幫了羅吉斯一點忙。他看出，我不聽話留在佛羅里達，因而讓他僥倖能回應參議員。

＊甘迺迪太空中心所在地。

★華倫委員會由退休大法官華倫主持，調查甘迺迪暗殺事件。

第十四章

神奇的數字

星期二下午，我飛回華盛頓。星期三參加委員會的公開會議，莫頓賽奧科公司的經理隆得先生在會中作證：在發射的前一晚，莫洛伊先生要他站在管理者的立場，因此他改變了反對發射的主意，指揮起工程師。

我問他一些尖銳的問題，倏然間覺得自己像在審訊。

羅吉斯要我們謹慎對待這些人，因為他們的前途操在我們手中。他說：「我們站在優勢的地位——我們坐在上面，他們坐在下面，他們必須作答而我們不必回覆。」突然這席話湧上心頭，我難過得無以為繼，於是回加州休養了幾天。

我在帕沙迪納時去了趟JPL，見到所羅門（Jerry Solomon）和李氏（Meemong Lee），他們在研究主燃料槽爆炸前數秒鐘發生的火焰，且把各種細節部分顯像放大（JPL由於負責行星探測計畫，累積了很多這方面的影像處理設備）。後來，我把照片帶去甘迺迪中心處理。

一天，工作人員要我在一份文件上簽名，上面寫著該支付我的費用，而實際上的花費卻較多。我說：「我花的錢不止這些。」

這人說：「我知道，先生！你一天的膳宿費只有七十五元。」

「那麼你們這些人為什麼把我安排在一晚八九十元的旅館，而只付我七十五元？」

「是的，這真糟，可是事情就是這樣！」

我想起羅吉斯說過要安排我去住個「好旅館」，什麼意思？難道要我付更多錢？

當你犧牲了時間，又貢獻了力量去為政府做事（否則你去當顧問，還可以賺錢），政府總應該慷慨回報些吧！我並不想賺錢，但我也不想賠錢。我說：「我不簽！」

羅吉斯過來保證會解決這件事，我才簽了名。

我想羅吉斯的確想解決這件事，但無能為力。我本想奮鬥到底，轉念一想這是不可能的：假如我實報實銷，其他的委員也將比照辦理，那麼這個委員會就是唯一的實報實銷委員會——很快閒話就會來了。

紐約有一句話：「你和市政府鬥總是輸家。」意思就是「不可能！」但這一回，對象比市政府大多了！一天七十五元是美國聯邦政府的法律，奮鬥到底可能很有意思。我想我累了，我不像以前那樣年輕，因此我放棄。

有人告訴我，聽說委員每天賺一千元；事實卻是政府連我們的花費也不付。

在委員會成立後一個月的三月初，我們終於成立幾個工作小組：發射準備活動小組由阿奇森博士主持；沙特先生負責設計、發展、製造部門；庫提納將軍領導事故分析小組；萊德博士主管任務計畫及運作小組。

我大部分的時間花在庫提納的小組，雖然我也在萊德的小組，可是我在那兒沒做多少事。

庫提納小組去阿拉巴馬的馬歇爾太空飛行中心工作。那兒發生的第一件事，是甘迺迪中心負責場地安全的尤利安（Louis Ullian）先生告訴我們一些事情。他的職責是決定是否在太空梭上放置破壞炸藥。（若火箭失去控制，引爆破壞炸藥就可以把它炸個粉碎，以免掉落地面時傷及無辜。）

無人飛行的火箭都備有這種裝置，尤利安說他見過的一百二十七具火箭中有五具失控，失控率為四％。他並假設有人飛行時，較為安全，於是將四％除以四，得到一％的失事率。這比率高到需要裝置破壞炸藥。

但航太總署告訴尤利安，失事率應該是十萬分之一。

我想評估這數字的合理性，說道：「你說十萬分之一？」「是的，十萬分之一。」

「這是說，你每天發射一次太空梭，三百年才會發生一次意外——每天，發射一次，三百年——顯然是無稽之談！」

「是的，我知道，」尤利安說：「我把失事率降低到千分之一來應付航太總署的各種聲明——有人航行的太空梭遠為安全、一般的火箭無從比較等等，然後還是裝上了。」

但新的問題接踵而至：木星探險船伽利略號的動力裝置是核能產生的熱，若載有伽利略號的太空梭失事，放射線會散布很大的區域。因此爭論持續：航太總署說十萬分之一，尤利安說千分之一。

尤利安也告訴我們，他曾試著想和負責人金貝利（James Kingsbury）溝通（他能夠與屬下約談，但一直無法找到金貝利，以得知NASA十萬分之一的數字何以得來）。我記不得太多細節，但尤利安的每件事都做得合理。

我們小組一直想了解航太總署如何進行密封性質的驗證，以推敲事件的原因。庫提納不願驟下結論，因此我們一樣樣的看，檢視所有的證據和彼此的關聯性。

大家對太空梭最後數秒的飛行細節討論得太多了，我對這部分一點兒也不關心。這好像由於鐵軌的空隙，火車出事了，我們淨在研究哪一節車廂先翻，哪一車廂後翻？為什麼有些車廂翻了？我想一旦火車翻車，怎麼翻又有什麼不同，我覺得無聊而厭煩，他們討論的並非原因。

因此我為自己另起爐灶：假設是其他的東西出了問題，例如主引擎，我們就如同現在一般去進行很深入的調查，或許同樣會發現缺乏安全標準及欠缺溝通等等問題。

我想用我慣常的做法：請教工程師主引擎如何運作，可能有些什麼危險及問題等等。當我瞭然一切，我將胸有成竹的對抗任何聲明出事機率是十萬分之一的人。

我提出和工程師談主引擎的要求，有個人說：「好，我來安排，明天早上九點好嗎？」

這回來了三位工程師，老闆拉文固（Judson Lovingood）先生及幾位助手，共約八九個人。每個人都帶來大大厚厚的本子，放著井然有序的資料，首頁寫著：

呈送費曼委員的報告，一九八六年三月XX日

我說：「噫！你們一定整夜加班！」

「不，沒什麼，我們只是把平常用的資料放進來。」

我說：「我只想和工程師談談，有這麼多的問題正在研究，我不敢讓你們都留下來和我談話。」

但是這一次，每個人都留了下來。

拉文固先生開始用圖表解釋，和厚本子中的資料吻合——當然，都帶著「子

彈」。

我只想知道有關主引擎的一切，因此我不停的問著聽來愚昧的問題。一會兒，拉文固說：「費曼博士，我們已談了兩個鐘頭，這本書有一百二十三頁，而我們才看到第二十頁。」

我的第一個反應是說：「嗯，其實不會花太長時間的，我開始時總是慢一些，過會兒追上來，就快多了。」

但是轉念一想，我說：「為了要快一點，讓我直截了當說明我的目標是什麼，我想要知道工程師和管理級的人有沒有溝通上的困難。」

拉文固說：「我想沒有，事實上雖然我現在是經理，但我是工程師出身的。」

「很好，」我說：「請你們每一位在小紙條上寫下這個問題的答案：你認為主引擎發生問題導致飛行失敗的機率是多少？」

他們寫下了答案。一人寫著兩百分之一，另一人用非常技術而定量的方法寫出，經轉換後也大約為兩百分之一，第三人寫著三百分之一。

拉文固寫著：

無法定量。可靠度的判斷來自：

- 過去的經驗
- 製造過程的品質管制
- 工程的判斷

「嗯，」我說：「我得到四個答案，其中一個回答是賴皮。」我轉向拉文固先生：「我認為你賴皮。」

「我沒有賴皮。」

「你沒有說出你的可靠度，先生，請你告訴我如何決定機率。我想知道，到底是多少？」

他說：「百分之百！」工程師愕然失措，我也愕然失措，每個人都注視著他——「哦，哦，再減去x……」

於是我說：「很好，現在，問題是：x是多少？」

他說：「十萬分之一。」這和尤利安說的十萬分之一相同。

我給拉文固看其他的答案，並說：「你看，答案很有意思，工程師和管理層級的差異是三百倍。」

他說：「先生，我把估算的文件送給你看，你就會了解。」

我說：「多謝你，現在回頭看主引擎吧。」我們繼續，不出所料將近結束時，進行的速度快多了。我需要知道主引擎如何運作，包括渦輪葉片的確切形狀，它們究竟怎麼轉動等等，這樣我才能知道問題所在。

午餐後，工程師告訴我主引擎的各樣問題：氧氣幫浦葉片破裂、氫氣幫浦的葉片破裂、表面起了浮泡及龜裂等等，他們在每次太空梭返航後都用特殊儀器檢視這些東西。

大約有一打很嚴重的問題，約解決了其中的一半。

大部分飛機的設計是「由下而上」，零件都經過嚴格的測試；太空梭的設計則是「由上而下」，以節省時間。一旦發生了問題就必須花費很多功夫重新設計。

拉文固現在不多說話，其他的工程師告訴我一切，他們都坦誠直言，我很尊敬他們。我們一路下去看完了整本冊子。

我說：「為什麼有些引擎振動得很厲害，有些引擎卻沒問題？」

他們很快翻出一疊整理好的資料，有關四千赫茲振動的資料。

我只看他們願意給我看的，對於他們的隱瞞裝作毫不知情，而且盡量避免指責任何人。問到問題核心時，他們才把問題說出來。我總是故作天真無知的模樣，而且可說也的確如此。不像電視上看到的調查員，勇不可當的跳上前指責腐敗的機構隱瞞不實。

無論如何，工程師都雀躍向前，他們開始訴說問題所在。他們很高興，因為技術人員喜歡互相溝通討論問題，並得到解決問題的建議。當然他們熱中於解決問題。

他們用很複雜的名字來說明問題——壓力導致的一種漩渦振動等等。

我說：「喔！你們說的是嘯聲！」

「是的，」他們說：「聽來像是嘯聲。」

他們認為嘯聲來自氣體通過三叉管的地方，氣體從單管衝入分成兩部分時發出聲音來。他們說出他們了解的程度。

當我開完會後，確認此事又是和密封一樣：管理階層一直降低標準接受愈來愈多的錯誤，下層的工程師拚命呼救：「危險！危險！」

第二天晚上，在回家的飛機上進晚餐。在麵包上塗完奶油後，我拿起裝奶油的硬紙，把它折彎成U形，使兩個邊緣面對自己。我用力吹氣，不久就聽到嘯聲般的噪音。

回到加州，我蒐集太空梭主引擎的資料。我去製造引擎的公司與工程師談，也和顧問談。事實上，其中一位顧問就是委員會裡的柯佛特先生。我也找到顧問群裡的一位加州理工學院教授。他很幫忙，告訴我所有主引擎的問題，及他認為出問題的機率。

我也去了JPL，找到一個人，他剛為航太總署寫完一份報告，是談聯邦航空署和軍方驗證噴射引擎的方法。他花了一整天的時間和我討論如何決定機械故障的機率。我學了不少東西。他說太空梭原來的安全規則和聯邦航空署的差不多，但後來問題多起來後，安全規則就修改了。

航太總署的馬歇爾太空中心負責設計主引擎，再由洛基達因（Rocketdyne）公司建造，洛克希德（Lockheed）公司寫手冊，而甘迺迪中心裝配。在組織上這也許是超讚的系統，然而對我而言，完全是個大雜碎，我完全被搞昏了。我常常弄不清我是跟誰說話，這人是來自馬歇爾中心？洛基達因？洛克希德？還是甘迺迪中心？事實上，在三四月那段時間，我在加州、阿拉巴馬、休士頓、佛州和華盛頓跑來跑去，有時自己都忘了身處何時、身在何地。

進行了這些單獨調查之後，我想我應為委員會其他成員寫份報告。但當我查看筆記時，有些地方還很混亂，譬如說他們會報告第十二號主引擎飛了多久。但這說不通，因它常常維修。每飛一次，技術人員會檢查引擎，看看渦輪上有幾個裂縫，外殼有幾個裂縫等等。然後，他們也許就換新葉片、新殼或新的軸承，換了不少次。所以應該是說主引擎上有第二〇〇九號渦輪，它飛過二十七分鐘等等。所有的組件都是混合的。

寫完報告後，我還需要對證一下。所以下次到馬歇爾太空中心時，我說要和工程師談一些技術細節，不要管理人員參加。

這次我很驚訝，只有三位上次見過的工程師來談。我們把事情都挑明了談。我要走時，其中一人說：「你上次提的那問題不公平，我們覺得是陷阱。」

「是的，你沒錯，那是陷阱題。我已知道答案了。」

「我希望修改答案，我要收回數字。」（這傢伙的答案原先是最詳細的。）

「那可以，但你同意故障的機率是十萬分之一嗎？」

「唔，不，我不，我就是不回答。」

然後另一人說：「我說是三百分之一，我現在還是說三百分之一，但我不要告訴你如何算出來的。」

「那沒關係，你不必說。」我答道。

第十五章

附錄風波

在這段時間，我一直認為在調查過程中，所有委員將會再聚會討論各人的發現。

為了便於討論，我在調查過程中寫了些簡單的報告：與除冰小組的工作情形（分析照片及錯誤的溫度），和藍伯思及裝配人員的討論，甚至是寫著「搞定了！」的字條。這些報告都送給執行官員基爾，以轉送給其他委員。

這次的問題（調查主引擎小組的籌劃者和工程師缺乏溝通），也記錄並存在家裡的電腦上。我有點兒累了，所以措辭不如以往慎重；再加上由於只是給其他委員看，我也沒有再做修改，只是寫了張紙條給基爾：「我想其他委員會樂於看到這份報告，但如何處置由你作主。」最後這句話講得太重了。

基爾非常感激，並告訴我會將報告送給每個人。

然後我去了休士頓詹森太空中心查看航空電子系統。萊德的小組在那兒調查與太空人有關的安全事項，她為我引見軟體工程師，他們帶我參觀太空人的訓練設施。

訓練設施很棒。有各種不同的模擬設備讓太空人練習，有一套就像真的一樣：你爬進去，窗戶上映出由電腦控制的圖片，隨著駕駛的動作，窗外的景象隨之改變。

這個特殊的模擬設備具有訓練太空人及測試電腦的雙重作用。在太空人座位的後面，有很多電線經過貨艙連接到後面放儀器的地方，儀器可模擬主引擎的信號，例如壓力、燃料供給速率等等。

太空梭是由電腦操作的，因為一旦點火起飛，由於在巨大的加速狀態下，裡面沒有人能做任何事。當太空梭到達某一高度時，電腦會將引擎推力調低，等空氣稀薄後，電腦再調高引擎推力；約一分鐘後，兩具固體燃料增力火箭分離墜落；再一分鐘後，主燃料槽分離，太空梭進入軌道。這些操作都由電腦控制，太空人只要坐在位子上就好了。

太空梭上電腦的記憶體不夠裝下全程所需的程式。進入軌道後，太空人就要換磁帶，一共有六卷之多。旅程快結束時，太空人得載入降落的程式。

太空梭上有四台電腦，都跑一樣的程式，四個計算的結果通常都相同。如果其中有一台的結果不同，它還是可以起飛。但若只有兩台結果相同，飛行就得結束，立刻返航。

為了安全起見，還有第五台電腦放在另一處，線路連接與前四台不一樣。第五台只有飛上去和降下來的程式。如果其他電腦出了問題，這台電腦還是可把太空梭帶回來，但它從未派上用場。

過程中最戲劇化的是著陸。太空人知道要在何處著陸後，先按下三個著陸鈕中的一個——愛德華空軍基地、白沙試驗場或甘迺迪中心；然後，幾小具減速火箭點火，把太空梭減速帶入大氣層——此時非常危險，所有梭體表面的隔熱磚都熾熱起來。

這段時間，太空人什麼都看不到，變化極快，因此著陸過程必須完全自動化。降低到了三萬五千英尺的高度時，速度會降到音速以下，如果有必要，這時就可以手動駕駛。在四千英尺的高度，有件事不是電腦操控的，那就是由駕駛員按鈕放下降落輪。

我覺得這點很蠢，這顯然和駕駛員的心理作用有關。在大眾心目中，他們是英雄，大家都認為是由他們駕駛太空梭。事實上，他們根本不必做任何事，除了按下那個鈕。他們無法忍受真的什麼都不必做！

我想，讓電腦來放降落輪要安全得多，如果太空人昏了過去呢？工程師也同意這點，並認為輪子放得不是時候會很危險。

工程師說地面也可以控制降落輪，但這種支援行動頗使人懷疑：如果駕駛員在半昏迷狀態，對於放下降落輪的時間與地面的判斷不同時怎麼辦？所以最好還是由電腦來控制一切。

駕駛員同時也控制剎車，但這也有問題：如果一開始猛剎車，等到了跑道盡頭還向前衝時，已無剎車皮。所以後來，軟體工程師也設計了控制剎車的程式。起初太空人頗不以為然，之後看到自動控制運作得很好，才很高興。

雖然詹森太空中心有很多很好的軟體，但太空梭上的電腦已老舊過時，記憶體也是老式的。此時已有了功能強很多的硬體：記憶體體積小而容量大，性能可靠，且具有修正錯誤的程式，可自動保持記憶的正確。若使用今日的電腦，我們可以設計分開的程式模組，而在做改變時不需大幅改寫程式。

由於模擬飛行設備及其他硬體設施很貴，如果要重新置換及重寫數百萬行的程式，花費將極高。

我也知道了軟體工程師如何設計太空梭的導航程式——一組人設計一個個的程式，然後將這些程式組合成新的程式，由另一組人測試。

第二組人解決所有的問題後，他們就做全程飛行的模擬實驗。在這個情形下，他們有一個原則，那就是模擬飛行並不只是來測試程式，它好比正式飛行一樣，任何的失敗都如同太空人在太空梭上遭遇困難一樣，是非常嚴重的。而你的聲譽也繫於此。

這些年來在模擬飛行時只有六次失敗，在真實飛行時從未遭到失敗。看來電腦人員知道他們在做什麼，他們深知電腦對太空梭的重要性及潛在的危險性，所以非常謹慎。他們寫程式，這些程式將在外部環境瞬息萬變的情況下，操縱極其複雜的機器。也因此，這些程式必須能感知那些變化，而且靈活的做出回應，還能保持高度的安全性和準確性。我認為他們在確保自動控制或電腦系統的品質方面，曾經走在時代的先端，但由於電腦老舊，現在已經不行了。

我沒有像對主引擎一樣的深入調查這些航空電子系統，因此我可能得到了一些推銷說詞，但我並不這麼認為；工程師和籌劃者的確溝通良好，他們小心不去改變安全標準。

我告訴工程師他們的系統很正常，沒有什麼問題。而他們的態度也很好。

有人抱怨航太總署的高層想減少測試，以節省經費：「他們直說我們的測試一直沒出問題，做那麼多測試幹什麼？」

離開休士頓之前，我繼續祕密查訪白宮對發射太空梭施壓的謠言。休士頓是通訊中心，我去拜訪遙測人員請教他們的通話轉換系統。如同在佛羅里達的調查方式，這回我發現如果他們要把太空梭和國會、白宮或任何其他地方接通在一起，只需要三分鐘的預警——不是三個月、三天或三小時，因此他們隨時可做這件事，不需要事先做任何紀錄。往這方向調查會走向死胡同。

有一次我和《紐約時報》的記者談起這件事，問他：「在這種情況下，你如何查證事實的真相？」

他說：「我會和操作轉換系統的人談談。」我試過了，但問不出所以然。

四月上旬，庫提納將軍的小組收到航太總署在馬歇爾中心測試的報告，報告中有航太總署所做的解釋；但我們認為應該用自己的方式重新寫過，除非測試沒有結果。

庫提納將軍在馬歇爾中心設計了一套撰寫小組報告的方式，但在我們開始以前，得到羅吉斯的指示：「回華盛頓去！你們不能在這裡寫報告。」

於是我們回到華盛頓，庫提納將軍在五角大廈給了我一間辦公室。辦公室不錯，但沒有祕書，所以工作進展很慢。

格拉姆一直很幫忙。我打了通電話給他，他讓我借用一個出差同仁的辦公室和他的祕書。這位祕書非常能幹，能迅速記下我口述的一切，然後加以修飾；我們努力工作了兩三天，寫下了厚厚的報告。

阿姆斯壯是小組的成員，也是寫報告的高手，他能在看報告時立刻指出其中的弱點，讓我印象深刻。

每一小組撰寫主要報告中的一兩章；我們這個小組負責〈第三章：意外事件〉，但我們主要的調查工作是〈第四章：意外事件的原因〉。我們從未開會討論各個小組的發現，讓彼此從不同的見解評論他人的發現；我們做的是「咬文嚼字」的工作，或如侯茲說的「墓石雕刻」——修改標點、潤飾文字等，除了偶爾在推敲字眼時的討論外，我們並沒有真正溝通過。

例如這樣的問題：「有關主引擎應該怎麼寫？」

我想開始一些討論：「就我看來，主引擎並不像你說的那麼好……」

於是他們說：「那我們就用更保守的寫法吧！」然後他們就看下一個句子。也許這是迅速寫好一份報告的方法；但我們也開了一次次的會，來討論文字修飾。

有時我們會討論報告的印刷式樣及封面的顏色。每次討論後，就投票表決。我想投票時最好選擇上次會議時決定的顏色，結果我總是站在人數少的一邊。我們終於選定了紅色（結果印出來是藍色的）。

有一次我和萊德談起我在引擎相關報告中提到的一些事，她似乎並不清楚。我說：「妳看了我的報告嗎？」

她說：「我沒有你的報告。」

於是我去基爾的辦公室，說：「萊德說沒有收到我的報告。」

基爾訝然轉向祕書：「請把費曼博士的報告影印一份給萊德博士。」

後來我發現阿奇森也沒看過我的報告。

我終於了解了真相，於是說：「基爾博士，我想沒有人看過我的報告。」

他轉向祕書說：「請把費曼博士的報告影印送給每一位委員。」

我對他說：「我知道你忙得不能記下每一件事，但你曾告訴我要把報告印給每個人的。」

他說：「喔！是的，我指的是每個工作人員。」

後來和工作人員談起，才知道他們什麼也沒看到。

其他的委員看過我的報告後，認為寫得很好，應該放在委員會的報告裡。

我受到了鼓勵，不斷提出建議：「我想開會討論如何處理這份報告。」

而我得到的答案總是「我們下星期開會討論」。（我們太忙於修飾文字及投票挑選報告封面的顏色了！）

漸漸的我了解到，我的報告需要做很多文辭上的修飾，而我們已經沒有時間了。有人建議把我的報告當附錄，就不需要把文字修飾到和其他部分一致了。

但有些委員強烈主張我的報告應該放在主文裡：「附錄要等幾個月才出來，假如放在附錄裡，就沒有人會看到你的報告。」他們說。

我決定妥協，就讓它當附錄吧！

現在又有了新的問題：我的報告是用家裡的文字處理機打印的，必須改印成委員會的大型文件格式，這可以用光學掃描裝置來做格式的轉變。

我花了點功夫才找到人做這件事，然後又沒能立刻做好。我問起怎麼回事時，他說找不到我給他的報告，我只得再給他一份。

幾天後，我完成了有關航空電子的報告，準備把這個報告放在主引擎部分裡，於是拿去給那個傢伙，我說：「把這部分放在原來的報告裡。」

然後我想看看我的新報告，但這人卻給了我一份舊的，我說：「加上航電部分的呢？」

「找不到新報告」等等情況，不一而足，看來我的報告經常遺失或僅做了一半。錯誤在所難免，但也未免太多了，把報告做出來真是耗費心力。

最後幾天，主要報告完成要送印時，基爾要我潤飾一下文字。我拿給一位資深的編輯修改文字而不失真意，報告改了又改，送去印製時是「第二十三版」。（如今每樣事都搞二十三次。按理說電腦可幫助我們做很多事，但它可沒加快報告的速度。以前，報告最多只改三次，因為打字很麻煩。如今，我們改了二十三次！）

第二天，我看到基爾在改我的報告，他畫掉一整段，刪掉了不少內容。他解釋道：「這部分不必留，因它與主報告重複。」

我試著解釋如果所有的內容放在一起，讀起來會較清楚完整。我說：「畢竟這只是附錄，與主報告重複也無所謂吧！」

基爾博士在我的要求下重新斟酌內容，但還是刪了不少。因此後來印出來的報告並非原貌。

第十六章

第十項建議

五月某日的一次會議中，我們開始草擬建議表。有人說：「也許我們該建議成立一個安全委員會。」

「好吧！寫下來。」

我想：「我們終於開始討論了。」

但結果這個草擬的建議表就變成了正式建議：要有安全委員會，要有這，要有那。唯一的討論是哪條放在第一，哪條第二等等枝微末節。

我想進一步討論許多事。例如安全委員會，你可以問：「這個委員會是否只是疊床架屋？」

以前也有過類似安全委員會的組織。一九六七年，阿波羅意外事件後，調查委員會成立了一個安全小組。但不久就不了了之。

我們並未討論以前的安全小組為何不能發揮作用，我們只是再加些安全委員會而已。如「固體燃料火箭設計獨立監督委員會」、「太空梭運輸系統安全顧問小組」及「安全品保辦公室」。我們光是討論由誰來監督那些安全委員會，但並沒討論如何運作這些委員會，或討論重整已有的委員會。

我也不像其他人那麼有信心。很多事需要好好思考，而我們就是沒有好好思考要做什麼。倉促做出的決定一定會有問題——以這次之倉促，到最後一定會搞出一些不切實際的建議。

最後，我們只是重新排列那些建議，做些文字修飾，然後表決通過。這種方法很奇怪，我不大習慣。事實上，我有種被擺布的感覺。似乎有些事不是我們所能決定的。

總之，在最後一次會議中，我們同意了九項建議。會後很多委員就回家了，但我幾天後要去紐約，所以就暫留在華盛頓。

第二天，我正好在羅吉斯辦公室，在場的還有阿姆斯壯及另一委員。羅吉斯說：「我認為該有第十項建議，我們的報告太消極，也太負面，我想結尾應加點積極的意見。」他給我看一張紙，上面說：

> 委員會強烈建議政府及國家繼續支持航太總署。總署是國家重要資源，不僅在太空發展上扮演重要角色，同時也是國家聲譽及技術領導的象徵。委員會讚揚航太

總署過去光輝的成就，也預期未來有更多的表現。本報告中的建議是為著航太總署的成功前景，及全國上下的期望與需要，積極準備進入二十一世紀。

在委員會的四個月工作期間，從沒討論過類似的政策問題，所以我覺得沒理由把它放進報告中。我雖沒明說不同意，但也沒同意。我只說：「我想這第十項建議不大合適。」

我想我聽到阿姆斯壯說：「好，如果有人不同意，我們就不該加入第十項建議。」

但羅吉斯不放棄，想繼續說服我，但我得趕飛機了。

在飛機上，我更仔細的思考這第十項建議。我把我的論點逐一寫下，所以到旅館後就立刻給羅吉斯寫了封信。最後寫道：「這項建議讓我想起航太總署的飛行評估：『有些嚴重的問題，但沒關係，繼續飛吧！』」

那天剛好是星期六，而我希望羅吉斯在星期一之前看到這封信。所以我打電話給他的祕書——每個人正都為報告而加班。我說：「我要口述一封給羅吉斯的信，你能記下來嗎？」祕書答應了。

星期一回去時，羅吉斯說：「我看了你的信，也同意你的觀點，但投票結果你輸了。」

「輸了？沒開會怎麼會投輸了？」

基爾也在場，他說：「我們打電話給每位委員，他們都同意這項建議。」

「這不公平！」我抗議道：「如果我有機會向其他委員陳述我的論點，我不認為我會輸。」我不知接下來該做什麼，因此說：「我要一份信件的影印本。」

我回來時，基爾說：「我們才想起沒和侯茲談，那時他正在開會。我們忘了他的票。」

我不知道該怎麼說，但後來我發現侯茲就在同一棟樓，離影印機不遠。

後來，我和阿奇森談起那第十項建議。他解釋道：「這沒什麼，只是愛國愛鄉那套東西。」

我說：「如果真的沒什麼，就沒有必要加進去。」

「如果這是國家科學院的委員會，你的反對就非常有理。但這是總統委員會呀，我們總該說些東西給總統聽。」

「我不明白這有什麼差別。當我寫報告給總統時，**為什麼就不能就事論事？**」

阿奇森一直說我是小題大做，而我認為第十項建議降低了報告的說服力，也不應寫進去。

所以報告的結尾就是：「委員會強烈建議政府及國家繼續支持航太總署……」

所有這些「愛國愛鄉」的玩意兒，以「平衡」報告。

在飛回家途中，我想：「很好笑，唯一真正平衡的是我的報告，我批評主引擎，也稱讚航空電子裝備。我還得為這小小的附錄去爭取放在報告中！」

我也想到第十項建議。其他建議都有支持的證據，只有這項建議沒有任何證據。這顯然是個錯誤！我感到非常困惑。

當我回到家裡，和妹妹瓊安談起第十項建議，以及我如何投「輸」了。

「你自己問了那些委員嗎？」她問道。

「哦，我問了阿奇森，他贊成加入。」

「其他人呢？」

「哦，沒有！」所以後來我打電話給其他委員——姑且稱他們為甲、乙、丙吧！

甲說：「什麼第十項建議？」

乙說：「第十項建議？你說什麼？」

丙說：「你不記得了？當羅吉斯第一次提起時，我和你正在他的辦公室，而我看不出那有什麼不對。」

看來，知道第十項建議的人只有那天在場的人。我沒有再打其他的電話，夠了！

然後我告訴瓊安有關我的報告如何被大動手腳，雖然它只是附錄。

她說：「如果他們那樣修改你的報告，你有什麼成就感？你的工作有什麼意義？」

「啊哈！」

我拍了個電報給羅吉斯，內容是：

「除非答應我兩個條件，否則我不掛名：㈠沒有第十項建議；㈡第二十三版以後不可再修改我的文章。」

（到了這個時候，我知道要把每件事講得清清楚楚。）

我打電話給侯茲，要求他寄來第二十三版的報告，以便在最糟的狀況下，我可以獨自發表我的文章。

結果，羅吉斯和基爾都試著找我商量。他們要庫提納將軍做中間人，因為他們知道他是我的朋友。但他們並不知道我們好到什麼程度。

庫提納說：「嗨！教授，我要告訴你，你是搞得很好。但我身負說客之責，所以得傳達一些話。」

「我不介意！」我說：「我不會改變主意。你儘管說，我不介意！」

庫提納說如果我不接受第十項建議，那他們也不會採納我的報告，連當附錄也不行。我可不擔心這個，我大可自己發表！

庫提納還轉達了一些話。但我已深思熟慮過，我決定堅持下去。

庫提納建議一個妥協方案：他們願接受我的報告，只除了最後那句話。

我再看看那句話，發現我在前一段已表達了相同的意思。再次重複顯得攻擊性太強，拿掉倒更好。所以我願意妥協。

然後，我提出對第十項建議的妥協方案：「如果他們要幫航太總署說好話，就別稱那是建議。如果你們喜歡，可稱它為『結語』。為避免混淆，別說『強烈建議』，說『希望』就夠了——『委員會希望政府及國家繼續支持航太總署』，其他地方可以照舊。」

隔了一會兒，基爾來電：「我們能說『強烈希望』嗎？」

「不，只能說是『希望』。」

「好吧！」他說。那就是最後的決定。

第十七章

與記者打交道

我在主報告上簽了名，我自己的報告則放在附錄，一切都很順利。六月初我們回到華盛頓，在玫瑰花園舉行的典禮中，將報告交給總統。要等總統看完，下星期一才會正式發布。

此時，新聞記者就像惡鬼一般，緊迫盯人。他們知道報告早已完成，很急於得知內容，因此一天到晚打電話找我。我擔心自己一不小心就會露出口風。

記者是非常聰明的，他們會說：「聽說事情是這樣這樣，是真的嗎？」很快的，你心中所想而沒說出口的事情，就會登在報紙上！

我決定在星期一以前不談一個字。此時，有位朋友說服我參加某個新聞性節目，我答應星期一晚上去上節目。

我也要祕書安排星期二在加州理工學院召開記者招待會，我說：「告訴想和我談話的記者，我現在對任何事都不予置評。他們的問題，在星期二的記者會上會有滿意的答覆。」

週末，我留在華盛頓。不知誰那麼神通廣大，挖出我曾威脅不在報告上具名的消息。邁阿密的報紙搶到頭條，很快的整件事就圍繞在我與羅吉斯爭論的事上打

圖十七　在白宮玫瑰花園呈委員會報告給總統。（由左至右）庫提納將軍，羅吉斯，尤金，雷根總統，阿姆斯壯，費曼。

圖十八　雷根總統向費曼致意，感謝他對委員會的貢獻。

轉。當時記者還寫：「費曼先生現在無話可說，他會在星期二的記者會上答覆所有的問題。」聽來實在讓人起疑——好像我和羅吉斯的爭論還沒化解，我將在星期二的記者會中解釋我堅持不具名的緣由。

但我不知道任何這方面的事，我躲開記者，甚至連報紙都沒有看。

星期日晚上，羅吉斯在俱樂部安排了惜別晚宴，飯後我對庫提納說：「我不能再多留了，我得早點兒離開！」

他說：「什麼事這麼重要？」

我不想說。

他和我一道走到外面，想知道是什麼要事，原來是紅色跑車內有兩位金髮美女等著帶我飆車離去。

我入座準備離開，留下庫提納站在那兒大惑不解，其中的一位金髮女郎說：「哦！庫提納將軍，我是XX小姐，幾星期前我曾在電話裡訪問過您。」

於是他想了起來：她們是電視台記者。

我們談起星期一晚上節目的種種，談話中我告訴她們，我將在星期二召開記者招待會，會中將公開我的調查報告——雖然這份報告為主調查報告的附錄，三個月後才會印行。她們說我的報告聽起來滿有趣的，想借看一下。由於談得頗為愉快，我就給了她們一份影本。

後來她們送我回表妹家。我告訴法蘭西絲上節目之事，也提及給了她們一份影本。法蘭西絲聽了驚恐抱頭。

我說：「真的，這是個愚昧的錯誤，我得打電話要她們不要公布這份報告。」

從法蘭西絲搖頭的樣子，我知道這件事不容易。

我在電話中說：「很抱歉，我不應該把報告給妳，希望妳們別公布。」

「費曼博士，我們是新聞記者，記者的工作是取得消息。你的報告具有新聞價值，如果我們不用這份報告，就是違反職業上的良知與良能。」

「我知道！因為我太天真而犯了錯誤。這對星期二參加記者招待會的人實在不公平，妳該了解我的苦衷。」

「我和同事商量一下再回您的電話！」

兩小時後，她們回電了——兩個人都在線上，她們解釋必須引用報告的原因：「新聞界的慣例是只要某人給了你任何資料，那就表示你可全權處理。」

「我知道這是妳們的行規，但我實在不懂這些事，請妳們尊重我的意願。」

我們就這樣不停的溝通，然後她們說：「待會兒再給您打電話。」就這樣我等了很長的一段時間，我知道她們有困難。

這時候我的精神非常好。我曾經糊塗過，但現在我知道自己需要的是什麼，所以我集中精神。我承認自己非常愚蠢——我在處理世事時，通常都是這個樣子的；但我不認為有什麼道理我要屈服，我要繼續努力，絕不搖擺。

夜裡一點、兩點，我們還在談著。「費曼博士，這是很不尋常的事。你先給了別人一份報告，事後又把它要回去，華盛頓的人從不這麼做。」

「我不管華盛頓的人怎麼做，但這是我的做法——像個傻瓜。很抱歉！這只是個錯誤，請尊重我的意思，不要公開那份報告。」

然後，在電話線上，一人說道：「假如我們就這麼用了你的報告，你是不是就不上節目了？」

「妳說對了！」

「我們會再打電話過來。」

我又等了一段時間。

其實我並未決定是否拒絕上電視，因為我一直認為可以挽回錯誤，於是我沒想到可以打這張牌。但她們提醒我這個可能時，我說：「妳說對了，我不會上電視！」非常冷酷的，好像是說：「不是我威脅妳，妳自己早該想到會有這種後果！」

後來她們打電話來說會尊重我的決定。

星期一我上節目時，她們的確沒有問到任何與調查報告有關的問題。當主持人問起我和羅吉斯之間是否不和，我避重就輕的回答說，我們之間沒有任何問題。

節目結束後，那兩位記者告訴我，雖然沒有我的報告，節目依然很精采。後來我們也成為好朋友。

當晚我飛回加州，星期二在加州理工學院召開記者會。來了很多記者，有些人問起調查報告，而大部分人對於我曾威脅不在委員會報告具名的謠言，更感興趣。
我發現自己不斷重複告訴他們，我和羅吉斯之間沒有任何問題。

第十八章 後記

現在我比較有時間來回想一切。我依然喜歡羅吉斯。他是好人，在委員會調查過程中，我很佩服他的才幹和能力，也很敬重他。我喜歡他或許是因為他故意取悅我，但我寧可相信他表裡如一，真是好人。我在華盛頓待得太久了，已沒辦法分辨出虛情假意。

我不確定羅吉斯對我的看法如何，我的印象是：對他而言，我的存在真有如芒刺在背，但他還是非常喜歡我。我只希望他對我的看法如同我對他的一樣。

律師出身的羅吉斯負責主持一個以技術為主的調查委員會，的確不容易，有了基爾博士的協助，技術部分應該不成問題，但讓我驚訝的是，航太總署大官們玩的花樣。

每次我們和高層人員談話時，他們總說什麼都不知道。在伊朗軍售案的聽證會中，我們也有同樣的困惑，但那次是我第一次知道：上層人士不是被蒙在鼓裡，就是拒絕吐露實情。

在我們知道莫洛伊對莫頓賽奧科公司施壓要發射太空梭時，我們不斷的聽說航太總署高層人士對此事並不知悉。難道莫洛伊會向高層人員報告說：「明早能不能飛行是個問題，莫頓賽奧科的工程師有些反對意見，但我們還是決定依計畫行事。你覺得如何？」相反的，莫洛伊只會說：「一切的問題都解決了。」這似乎是下面的人不把問題呈報上去的原因。

我有一個想法，也和很多人談過，不過他們多半告訴我這個想法不對；但我記不起他們的說法，所以我還是要在此說一說我對航太總署內部缺乏溝通的看法。

當航太總署準備登陸月球時，每個人對這目標都很熱心，而急於達成；他們並不知道是否真的能達成目標，但至少都朝著目標共同努力。

我有這種想法，是因為我曾經參與製造原子彈的工作，經歷過類似的緊張與壓力。舉例說，當引信出問題時，每個人都知道那是大問題，都想克服，也都提出了建議。當問題解決時大家都很興奮，因為那意味著努力有了成果；如果引信有問題，引爆原子彈就有問題。

我想在航太總署早期也有同樣的情形，如果太空衣有問題，就不能達成登陸月球的目標，因此每個人對其他人的工作都很有興趣。

但完成登陸月球的計畫後，如何處置航太總署在各太空中心龐大的組織和人員？總不能在完成偉大的計畫後，把工作人員都解聘吧！問題來了，怎麼辦？你得說服國會，有些計畫只有航太總署能做，而且為了加強說服力，必須強調太空梭計畫的經濟性、效益性、安全性以及科學研究的成果。「太空梭可以做多少多少次的飛行，而只需花費這麼少的錢。我們已成功登陸月球，所以必然可以達到預期的目標。」

同時，我猜想基層的工程師會嚷著：「不，不！我們不可能做那麼多次的飛行，如果必須飛那麼多次，需要一筆相當可觀的經費！」

說服國會同意航太總署計畫的人，根本不愛聽這些話，只要他們沒聽到，就會覺得自己很「誠實」——他們並不想欺騙國會！所以來自下面的意見如「密封有問題，必須修理好了再飛行」等，便受到壓制。中層管理人通常這麼說：「如果你告訴我密封有問題，我們就不能如期發射太空梭了。」或「不！不！繼續下去，否則會很難看。」或「不要告訴我，我不想聽。」

也許他們並未明說「不要告訴我」，但他們不喜歡溝通，這導致同樣的結果。

這裡的問題是，當你告訴某人某問題時，他是否樂於傾聽並說「多告訴我一些」，「你試過這樣那樣嗎？」或者他說「嗯，那你就這麼辦吧！」——這是完全不同的。如果你試了兩三次，都被打了回票，你很快就會決定：「去他的！」

這就是我的結論：由於上層人士的誇張，跟基層的實際運作完全不符，因此溝通漸不良，終至完全窒息。這就是為什麼上面的人不知道實情的原因。

另一種可能是上層人士知道實情，卻佯裝不知。

我找了一位航太總署的前署長，想和他談談：「他們都說他們不知道，這有道理嗎？怎麼去調查實情呢？」

他一直未回電話。也許他不想和委員談高層人員的事，也許他太了解航太總署而不想受到牽扯。由於我忙於其他的事，也沒有再繼續追蹤下去。

我們還有很多問題待調查。一個是有關貝格（James F. Beggs）先生的。貝格是前任署長，在事件發生前不久因為其他原因而卸任。但是他依然每天來上班，他從不和格拉姆談話，他在做什麼呢？是不是還有一些計畫由他負責？

我常想要羅吉斯調查這些怪事，我說：「委員會有律師、公司管理人、富於各種經驗的人士，一定有人知道如何從不肯回答問題的人嘴裡套出答案。如果有人告訴我，太空梭出事的機率是十萬分之一，我明知道那是胡扯，但我不知道在官僚體系中的做法。我們應該把那些大官找來問話，如同我們詢問中階管理人一樣。」

他會說：「嗯，我想是的。」

羅吉斯後來告訴我，他寫信給那些大官，但他們回信說沒什麼可和我們談的。

還有關於白宮壓力的問題。

要有一位老師在太空梭上是總統的意思，那可做為國家對教育承諾的象徵。他一年前在國情諮文演說裡提出這個構想，一年後國情諮文又要發表了。一位老師在太空梭上和總統及國會議員對談，那會是多麼的完美！從這些旁證來推敲，似乎頗能成立。

我和很多人談起這件事，聽到各種不同的意見，但最後的結論是白宮並未施壓。

因為要莫頓賽奧科公司改變立場的莫洛伊，不過是中階經理人。事前沒有人能預知在準備發射過程中會發生什麼事。假如莫洛伊被通知「確定在明天發射太空梭，因為總統要明天發射」，則與他同級的每一個人必然都會得到通知。而與他同級的人很多；通知那麼多人必然會使消息走漏，所以使用這種方法施壓是不可能的。

委員會結束時，我才比較了解華盛頓及航太總署運作的特色。在這類龐大的組織內，不必有人告訴你怎麼做，你就知道該怎麼做。

當時，已有很大壓力要求太空梭飛行。即使那晚總統沒有要演講，航太總署也要照計畫飛行以顯示其能力。所以我不相信有直接來自白宮的特殊要求。根本沒有這個需要。

我可以打個比喻，這就像有些車子在車後面貼上「車內有嬰兒」之類的標語，你根本不必告訴我「車內有嬰兒」。我看到這類標語時，要幹什麼？開法不一樣嗎？反正我本來就沒有撞車的打算，那標語簡直是廢話。

所以航太總署就是要太空梭起飛，你不必說上面有嬰兒，或有老師，或說是應總統之請。

後來，我和不少人談了我在委員會裡的種種，我想我又多理解了一些以前不清楚的事。其中之一是我激怒基爾博士之事。最近，我和一個老華盛頓談話，我問了個問題，那時我才知道：要是他沒聽懂我真正的意思，準會錯把我的問話當成奇恥大辱。我和基爾的事就類似這種情形。

在科學上成功唯一的法子是小心求證並仔細描述，不帶私人感情。如果你發現了新的理論，就得同時說明它的優缺點。在科學界，你必須誠實。

在其他行業，如商業，事情就不一樣了。例如，幾乎所有的廣告，在某種程度上都是來騙顧客的。他們不想讓你讀的就印得很小、不清楚。顯然，廣告不是平衡的科學報導。相較之下，商業界較缺少誠信。

我的父親是非常誠實的人，但他是推銷員。我曾問他：「一個誠實的人怎能幹推銷？」

他告訴我：「老實說，這行裡有很多人不誠實——他們認為那樣比較好賣。但我總試著誠實，而我發現那有好處。事實上，我不會其他的方法。如果顧客肯花點心思，就會發現其他的推銷員不可靠。到最後，很多客人有需要時就主動找我。」

我父親的成就並不是很大，只是一家中型廠商的推銷主任。他成功了，但並不是很了不起。

每當我聽議員發表政見時，我都在想那是不是他所想的，還只是講來騙選票的。這似乎是政客的主要問題。所以我總是好奇：誠信與為政府工作之間的關係。

基爾博士早先告訴我他有物理博士學位。我總以為物理學家都很誠實（也許我太天真了），所以我一定問了個我常想的問題：「一個誠實的人怎能在華盛頓混？」

而對方很容易把那問題聽成：「既然你在華盛頓混得不錯，你一定不誠實！」

我現在比較清楚橡皮環的受冷效應一事。那時是庫提納將軍打電話來說：「我正在修化油器，我在想低溫對橡皮環的效應是什麼？」

其實那是航太總署的某個太空人告訴他的，在低溫之下橡皮環根本沒有一丁點兒彈性。

但是庫提納將軍得顧慮那位太空人的前途。所以當他修化油器時，縈繞在心底的問題是：「在不危及我那太空人朋友的情況下，如何透露這個消息？」而最後的解決辦法是，想辦法讓我這位大教授興奮起來，而這個辦法極為成功。

第十九章

太空梭安全嗎？

引言*

太空梭失事的機率，眾說紛紜，估計的數字從百分之一到十萬分之一都有。較高的失事機率來自工程師的估計，較低的數字則來自管理人員，為什麼這當中有這麼大的歧異？十萬分之一的意思是每天發射一次太空梭，在三百年內只會有一次的失敗，「為什麼管理人員有這麼不切實際的信心？」

我們發現，「飛行準備評估」（Flight Readiness Review）的驗證標準是隨時間而逐漸放寬的。同樣的冒險，如果以前沒有出事，那就可做為現在可以安全飛行的依據，因此就一再接受明顯的缺失——有時是不努力嘗試解決問題，有時是為了不延誤飛行。

我的資料來源如下：

- 書面的驗證標準——包括長期以來所做的各種修正，還有「飛行準備評估」的紀錄，以及接受飛行危險性的理由。
- 固體燃料增力火箭的資料——來自現場安全官尤利安（Louis J. Ullian）的直

接見證及報告；身為「中止發射安全委員會」的主席，他也評估了伽利略號行星探測船使用放射性鈽核反應器作為動力源，在意外發生時可能導致的放射性汙染。航太總署也提供了此方面的研究資料。

- 太空梭主引擎的資料——來自與馬歇爾太空飛行中心的管理人員及工程師的訪談，以及和洛基達因公司工程師非正式的訪談。也與加州理工學院為航太總署做引擎諮詢的機械工程師非正式面談。
- 電腦、感測器等航空電子設備的資料——來自詹森太空中心的訪談。
- 〈增力火箭引擎驗證過程檢討〉報告，是噴射推進實驗室在一九八六年二月，為航太總署太空飛行辦公室做的。這篇報告說明了美國聯邦航空署（FAA）及軍方驗證氣渦輪引擎及火箭引擎的方法。

＊本章為費曼所寫的調查報告，但文字經過雷頓的修飾。

固體燃料增力火箭

固體燃料增力火箭的可靠性，係由現場安全官根據以往火箭飛行的經驗來評估的：在約兩千九百次的飛行中，有一百二十一次失敗（二十五分之一）。這個數字包括頭幾次用以發現設計錯誤的測試飛行。火箭設計成熟以後，較合理的數字應是五十分之一；若慎選組件並加強品管，可達到百分之一。但以今天的技術，千分之一是不可能達到的。（由於太空梭配置了兩具固體燃料增力火箭，因火箭而失事的機率應當加倍。）

航太總署官員辯稱，數字應遠低於此。他們指出這些數字是不搭載人的火箭的數據，而太空梭是搭載人的載具，「故任務的成功率應接近百分之百。」這句話的意思很不清楚，是說接近百分之百或是必須接近百分之百？

他們繼續說明：「根據以往的經驗，這種高成功率，已造成對載人太空梭的處理方式與無人飛行完全不同，這取決於數值機率的運用以及工程上的判斷。」（這句話引自航太總署一份針對攜載核能發電機的行星任務，而預估的太空梭安全分析報告。）可以這麼說：如果失事的機率為十萬分之一，那得進行非常多次的飛行才能估得這個數字；你若是完成了一連串完美無瑕的飛行，那可得不到任何確切的數字。但如果機率並不真的那麼低，在測試飛行中就會碰到問題了——可能幾近於失敗，或是碰到真正的失敗。這時，運用統計的方法就可以估計失敗的機率。事實上，航太總署以往就曾經發生過，幾乎失事及甚至失事的經驗，這些都意味著飛行失敗的機率不是那麼低。

航太總署既不根據過去的經驗以估計機率，又在論辯中訴諸歷史經驗：「根據以往的經驗，這種高成功率……」好吧，如果我們以工程上的判斷替代數值上的機率，為什麼航太總署也沒有發現，管理人員和工程師之間的估計有這麼大的差異？顯然，不管基於什麼目的，航太總署的管理人員對於其產品的可靠度，誇張到令人匪夷所思的地步。

我不在此重提驗證及「飛行準備評估」的歷史（見委員會報告其他部分），但很清楚的，他們已知道前次飛行有密封腐蝕及O形橡皮環裂碎的現象，但不認為這是嚴重的情形。挑戰者號的飛行就是一極佳例子，當局都只用前幾次測試飛行的成功為依據，來證明其安全無虞。但設計上並不容許腐蝕及裂碎發生，因為那是錯誤的朕兆。設備之運作若不如預期，就可能在更極端而未知的條件下發生更大的誤差。而且，之前的失誤並未導致大災難，並不表示往後就一定安全無虞；除非已經徹底掌握那些失誤的原因。這就像玩俄羅斯輪盤時，左輪手槍第一發安全過關，並不能保證下一發也能安全過關。以往總是沒確認腐蝕及裂碎的原因及後果，因此每次腐蝕及裂碎的情形都不一樣，有時多些，有時少些。這就無法知道什麼時候會有更嚴重的腐蝕，導致大災難發生。

雖然每次飛行時發生的情況都不太一樣，但官員們卻都一副成竹在胸的模樣，並都給予合理的解釋——常引用的說辭是：上一次飛行「成功」。例如，代號51－C的飛行發生橡皮環腐蝕，腐蝕深度達半徑的三分之一，現在為了要證明代號51－L的飛行（即挑戰者號意外爆炸的那次飛行）是安全的，引用的例證就是切割橡皮環的實驗結果：橡皮環切割至一個半徑深度時才會失去效用。因此他們絲毫未考慮，在未知情況下可能發生更嚴重的腐蝕，反而斷言「安全係數為三」。

這是工程師對於安全係數的詭異用法。如果一座橋梁需要承載某一定的重量，而不致產生永久變形、破裂或折斷，則「安全係數為三」的設計，意思就是：所需要使用的材料必須能承受預估載重量的三倍。這個安全係數容許不定重量的超載，或材料的瑕疵等等。若一旦在未超載的情況下，橋梁斷裂了，那可是設計的失敗，即使橋梁只斷裂了三分之一，並未坍倒，這時已毫無「安全」係數可言。也就是說，固體燃料增力火箭的橡皮環在設計上是不會腐蝕的，腐蝕是發生錯誤的結果，絕不能用來推斷安全性。

在原因不完全明瞭的情況下，沒有人可以推斷下一次不會發生三倍於此次的腐蝕，但官員依然自欺欺人，自以為是。他們用一個數學模式來計算腐蝕度，但這個數學模式並不是根據物理理論，而是使用經驗曲線去逼近的。他們先假設熱氣流接觸到O形橡皮環時，在滯留點（stagnation point）可計算出熱量（這也還說得通，因為他們運用了適當的物理定律、熱力學定律）；但在計算橡皮環的腐蝕程度時，卻是套用類似材料的實驗數據繪圖所得的經驗公式。那個公式在對數圖上代表一條直線，而他們也不管三七二十一，直接就依樣畫葫蘆，並且假定腐蝕度會隨熱量的〇・五八次方變化；〇・五八是由最逼近的擬合而得來的。問題是，你若改用其他的數字，這個數學模型依然可用來推估腐蝕度。

再沒有比相信這論點更荒謬的事了！模型處處都不確定：熱氣流的強度不可預測，它會隨鉻酸鋅粉中形成的孔洞大小而變；照片顯示，即使橡皮環僅部分腐蝕，亦可能失去功能；經驗公式是不可靠的，因為那條擬合線並不是正好通過每一個測定值，有很多測定值比擬合線高兩倍或低兩倍，所以腐蝕度是預測值兩倍的原因可能就在此。公式中其他的常數也都有相類似的不確定性。因此使用數學模型時，要特別注意模型中的不確定性。

太空梭主引擎

代號51－L的飛行時，太空梭三具主引擎的功能都很好，不論在最後一刻、燃料供應不足時，甚至在關機時刻。問題是假如主引擎發生事故，我們也如同調查固體燃料增力火箭般，去調查主引擎，是否同樣會發現對於缺失的疏忽及降低的安全標準呢？換言之，導致意外事件的組織管理弊病，是僅局限於負責固體燃料增力火箭的部門，或者已是整個航太總署的通病？為了這個原因，我們也調查了太空梭的主引擎及航空電子部分，至於太空梭及外部燃料槽部分，則未調查。

主引擎的構造遠較固體燃料增力火箭複雜，它包括了更多工程上的細節。一般說來，其工程似乎是高品質的，顯然航太總署花了很多注意力，在主引擎運作的缺失及錯誤改進方面。

一般而言，軍用或民用飛機引擎設計的方法稱為「組合式」的，即由下而上的。第一步是徹底了解所有組成材料的性質及極限（例如渦輪葉片），那必須做很多試驗來找出缺點並改進。因為每次只針對零件測試，所以花費不大。最後才進行整具引擎的組合。此時，引擎成功的機會就很大了，即使失敗，由於已徹底了解各個組件，也可很快找到原因而加以修正。修正通常不太困難，因為早先都已處理過大部分的嚴重問題，成本很低。

但太空梭引擎的處理方式卻不同，它是由上而下的。引擎的設計與組合是同時進行的，先前的材料測試較少。如此，如果在軸承、渦輪葉片或冷卻管發生問題，修正的花費就較大了。例如，高壓氧氣渦輪唧筒的渦輪葉片上有裂縫，這是材料缺陷呢？還是氧化的效應呢？還是熱膨脹造成的？還是振動的結果？還是有其他的原因？產生裂縫到葉片斷裂需要多久的時間？它與引擎動力大小關係如何？

用整具引擎來測試上述這些細節，是非常昂貴的。沒有人想在測試時，毀掉整具引擎。但這些細節的掌握是對整具引擎產生信心的重點。沒有細節，就沒有信心。

由上而下的設計方法還有另一缺點，是即使找到毛病所在，也往往不可能僅是簡單的修正，而是需要修改整體的設計。

太空梭主引擎是部很值得注意的機器，它的推力重量比（thrust-to-weight ratio）較任何引擎都高。它不完全是以既有的引擎為基礎，而進一步發展的，因此會有許多不尋常的毛病。但因太空梭主引擎是從上而下設計的，很難找出毛病進行修理。原本設計的壽命期是五十五次飛行（總計兩萬七千秒的運轉時間），但通常無法達到這個目標。

目前，主引擎常常需要大修，渦輪、軸承等重要零件都要換。高壓燃料渦輪唧筒甚至每出勤三四次就得更換，高壓氧氣渦輪唧筒則是每五六次，這壽命期幾乎是原先估計的十分之一。但我們主要關心的是如何決定其可靠與否。

在過去總共二十五萬秒的運轉時間中，主引擎嚴重失敗過十六次。工程師仔細檢查這些失誤，他們努力設計各式測試來找出毛病，也做過各種分析檢驗。因此，雖然主引擎設計是由上而下的，工程師經過不斷的努力，還是解決了大部分的毛病。

這些毛病包括：

- 高壓燃料渦輪唧筒的渦輪葉片裂縫。（也許已經解決）
- 高壓氧氣渦輪唧筒的渦輪葉片裂縫。（未解決）
- 加力火星點火器線斷裂。（大概已經解決）
- 排氣閥故障。（大概已經解決）
- 加力火星點火器內部腐蝕。（大概已經解決）
- 高壓燃料渦輪唧筒渦輪片裂縫。（大概已經解決）
- 高壓燃料渦輪唧筒冷卻管故障。（大概已經解決）
- 主燃燒室導管故障。（大概已經解決）

◆高壓氧氣渦輪唧筒同步協調器振動。（大概已經解決）
◆加速飛行之安全斷電系統的備用系統，部分故障。（大概已經解決）
◆軸承磨損。（大致解決）
◆四千赫振動，使某些引擎停擺。（未解決）

以上許多毛病多出在設計初期：前半段的十二萬五千秒出現了十三個毛病，而後半段的十二萬五千秒只有三個。當然，你永遠不可能確知已找到所有的缺陷，因此有些修正並不能真正解決問題。所以，很可能在未來的二十五萬秒中，至少會發生一次嚴重故障。這相當於每具主引擎每飛五百次就有一次嚴重故障。

每艘太空梭有三具主引擎，每一具主引擎若發生故障，通常不會影響到其他兩具。但只要有一具主引擎故障了，太空梭的該次任務就得被迫取消；因此，我們沒有辦法很樂觀說，太空梭因主引擎故障而導致任務失敗的機率，會小於五百分之一。（洛基達因公司的工程師估計是萬分之一，馬歇爾太空飛行中心的工程師估計約三百分之一，而航太總署的估計是十萬分之一；某家顧問公司則認為百分之一到二較合理。）

主引擎驗證原則的歷史頗為混亂。原先規定要有兩組主引擎至少可運轉兩倍於認可的時間（兩倍原則）。至少那是聯邦航空署的規定，航太總署先是有樣學樣，要許可飛十次（所以要測試二十次）才行。當然，那兩具通過兩倍原則驗證的主引擎，可以算是最好的主引擎。但如果有第三具主引擎在短期間內就故障了，那該怎麼辦？短時間就故障的主引擎，在實際的飛行中可能更具意義；因為只要有一具主引擎發生問題，太空梭任務就告失敗。而且我們心中所認定的安全係數通常是二，這就表示在實際的飛行任務中，失敗的時間可能會是短命引擎工作時間的一半而已。

我們可以看到在許多方面，安全係數有逐漸降低的趨勢。以高壓燃料渦輪唧筒的渦輪葉片為例，工程師先是放棄對整具引擎進行測試。每具引擎都有許多零件要換，那麼兩倍原則的適用對象就由引擎轉換到零件。因此，如果有兩個高壓燃料渦輪唧筒的葉片成功通過雙倍時間測試，就被接受。但什麼是成功？聯邦航空署為安全起見，規定只要有裂縫就認為不成功；但引擎開始有裂縫時依然可以運轉，因為裂縫逐漸變大終至斷裂，還需一段時間。（聯邦航空署後來有了新的安全規則，將這段額外的安全時間亦考慮在內，但必須確定經由已知模型的分析和使用完全測試過的材料，才能算數。太空梭的主引擎則不具備上述任何條件。）

很多高壓燃料渦輪唧筒第二級的葉片都有裂縫，其中之一在一千九百秒後出現了三個裂縫，另一個卻在四千兩百秒後依然沒有裂縫。我們發現導致裂縫的壓力強度與動力的大小有關。挑戰者號及以往的飛行都是在一〇四%動力下飛行的，從一些數據判斷，在一〇四%的動力下運轉，產生裂縫所需的時間為一〇九%運轉或所謂「全動力水準」（FPL, full power level）時的兩倍長。由於未來的飛行會有更重的酬載，均將在一〇九%動力下運轉，但是過去很多測試都是在一〇四%動力下進行的，因此他們把一〇四%動力運轉的時間除以二，得到所謂的「等效全動力水準」（EFPL, equivalent full power level），當成驗證標準。顯然，這不太準確，但大家都未仔細研究。而前面所稱最早的裂縫就是發生於一三七五秒ＥＦＰＬ時。

現在，驗證規則變成「限制所有備用葉片在一三七五秒ＥＦＰＬ時」了。也有人反對說忘了安全係數二，因此若是一具主引擎可以跑三八〇〇秒ＥＦＰＬ而沒有裂縫，除以安全係數二，就是一九〇〇秒了，則這樣的驗證規則也還算保守。

此外，自欺之處亦有三點：第一，我們只有一個樣品是最佳品，另外兩個跑了三八〇〇秒ＥＦＰＬ以上的主引擎，都至少有十七個裂縫（一具引擎有五十九個葉片）。其次，我們放棄兩倍原則，而代之以等時（一三七五秒）標準。之後，我們只能說在一三七五秒以下沒有裂縫，就是合格的。但最後一次測試只進行到一一〇〇秒ＥＦＰＬ，那我們就不知道究竟會在什麼時候發生破裂了。此數值要愈高愈好，因為一趟飛行返航時，已很接近那個極限了。（近乎三分之二的葉片超過一三七五秒ＥＦＰＬ才會出現裂縫，但最近的測試發現，有些葉片的確早在一一五〇〇秒時，就有裂縫出現）。

最後，航太總署放棄聯邦航空署不能有裂縫的規則，而只承認完全斷裂的葉片為不及格。他們聲稱這樣做並未放棄標準，系統仍然安全。但是若根據這個定義，沒有引擎會不合格的，因為從開始有裂縫到斷裂，需要一段時間，那麼只要檢查所有葉片的裂縫就可以了。如果找到裂縫，就換新葉片，如果沒有裂縫，則飛航仍在安全時段內。也因此航太總署宣稱，裂縫問題不再是飛航的安全問題，而只是維修的問題。

這也許是對的。但裂縫是會隨時間加大的，難道不會恰好在任務中導致葉片斷裂？

已有三具主引擎飛行超過三〇〇〇秒EFPL，只出現一些裂縫，但沒有斷裂發生。也許他們已找到解決裂縫問題的方法，例如改變葉片形狀、覆以絕熱材料以減少熱震。到目前為止，新葉片還沒有裂縫。

總而言之，「飛行準備評估」及驗證規則顯示，太空梭主引擎的品管檢查日漸鬆懈，這與固體燃料增力火箭的品管問題頗為類似。

航空電子系統

這裡的「航空電子系統」指的是太空梭上的電腦，以及周邊的感測器和輸出指令的致動器。我們先談電腦本身，不談輸入的資料（根據溫度、壓力強度等等而得）是否可靠，也先不管電腦輸出的信號是否傳達到火箭點火器、機械控制、儀表板等等。

電腦系統極為複雜，有二十五萬行程式。其功能之一是控制太空梭升入地球軌道及降落進入大氣層（速度低於一馬赫）。太空人只要按下決定降落地點的按鈕就可以了。整個降落過程可以全自動。軌道飛行時，電腦可用來控制酬載，顯示相關資料給太空人看、與地面通訊等等。顯然，飛行安全需要極為準確的電腦硬體及軟體。

簡言之，硬體的可靠度是以四台相同的電腦來保證的。而且盡可能，每個感測器也有數份複製品（通常是四份），每一個都同時輸入資料到四台電腦。如果四個輸入有所不同，則取其多數或平均值，這完全視當時的情形而定。因為每台電腦都得到所有同一型感測器的信號，輸入完全相同，而程式又一樣，所以應該會有相同的指令輸出。這四台電腦在一定的時間內互相比較數據，如果其中之一的數據不相同，或輸出太慢，那台就停用。若再有一台電腦發生上一台的情況，也馬上停用，這時就得取消餘下的旅程，由剩下的兩台電腦執行返航。

這是個多重備用系統，一台電腦當機並不影響航行。最後，再加一層保險：

還有第五台獨立的電腦，內部只有起飛及下降的程式；若有兩台以上電腦失靈，它就可執行返航。

但是，電腦主記憶體容量不足以載入所有起飛、降落、酬載的程式，太空人必須藉由磁帶分四次載入。

因為更改軟體系統所耗人力極大；而自十五年前開始太空梭計畫以來，也還沒修改過硬體系統，所以硬體是過時的，譬如記憶體還是鐵心型的。要找製造這種老式零件的可靠廠商，不大容易。如果能換用新一代電腦，將會又快又正確得多，也不需再如此用磁帶載入，因為新電腦的記憶容量也要大得多。

檢查軟體是採用由下而上的方式仔細進行的。首先檢查每一行新程式，然後檢查具有特別功能的程式模組。一步一步增大範圍，直到整個系統都能執行這新加入的程式。最後的輸出就是最終的檢測成果了。另外有一組獨立的驗證小組，則站在不同的立場來試驗軟體。在模擬飛行時，又測試一次。到了這個階段，如果還有錯誤，那就非常嚴重，要仔細研究其設計以免再發生。在所有的程式修改中（基於酬載變更而進行的修改），這種錯誤只發生過六次。

軟體檢驗的原則是：所有的驗證並不是以程式安全的觀點來進行的，它只是一種不會導致災難的安全測試。飛行是否安全，就依據程式在測試時的表現來判斷；唯有程式的錯誤會影響到飛安，才會引起關注。

總而言之，電腦軟體檢驗系統要求極高。和火箭及主引擎安檢程序不同，沒有降低標準，自欺欺人之事。當然，也曾有管理人員嘗試減少繁複的檢驗方法，因為他們並不了解就算一丁點的程式修改，影響也可能非常大。當酬載改變時，一直不斷有修改程式的情形發生，當然這些修改耗費都很可觀。而正確的做法應該是減少修改的次數，而不是降低測試的品質。

值得注意的是，現代的新硬體及軟體技術可大幅改進系統的執行能力。因此，航太總署應慎重考慮改採新硬體設計的可行性。

至於對感測器及致動器的檢查，就不如檢查電腦般那樣謹慎了。例如，有一溫度計有時失靈，但十八日之後還是用那溫度計，直到後來某次發射時，兩個溫度計同時失靈而導致任務取消。甚至，再下次發射時，居然還是使用那種溫度計。而噴氣操縱系統（reaction control system），即用來調整飛行方位的火箭噴流系統，還是不大可靠。那也有相當多的備用設備，但也有很多的失敗紀錄，只不過沒有嚴重到影響飛行的地步。另外，這類火箭的噴射動作也有感測器可茲檢驗，若火箭未點火，電腦就選備用的火箭引擎點火。但這些火箭可不是設計來失靈的，問題還是要解決。

結語

工程師受命維持看來夠長遠的發射計畫，時日一久，通常會跟不上原來較保守而嚴格的驗證標準，因為那些標準原先是為了保證能有非常非常安全的太空船而訂下的。因此，工程師經常通常都會找個冠冕堂皇的理由，取巧修改了安全標準，以維持發射計畫。所以，太空梭是在某種不安全的條件下飛行的，失事率約為百分之一（這數字很難估得精確）。

另一方面，官方人員號稱失敗率只有十萬分之一。原因之一是為了向政府確保航太總署的能力和成績，以力保經費無缺。原因之二是，也許他們真的相信它完美無缺。這在在顯示管理階層與工程師之間缺乏溝通，實在令人不可置信。

但這也帶來極嚴重的影響，最嚴重的是鼓勵一般平民乘坐這個危險的機器，因為它似乎和民航機一樣安全。太空人就如同試飛員，應已知道可能的風險，我們對他們的勇氣深感敬佩。還有，誰能懷疑麥卡莉芙的勇敢？她比航太總署的官員更知道真正的風險！*

希望我們的建議能確實讓航太總署的官員實事求是，正視技術的弱點和缺陷，進而解決這些問題。他們一定要認真比較太空梭和其他太空航行方法的代價，也要誠實估價和簽約，而且只能提出確實能夠達成的飛行進度表；如果因此而導致聯邦政府不支持航太總署，那也只有認了。航太總署有責任對納稅人坦誠、公開，讓人民針對有限資源的用途，做最睿智的決定。

想要在技術上成功，實情要凌駕公關之上，因為大自然是不可以欺騙的。

＊麥卡莉芙是在太空梭遇難的第一位平民太空人，她是小學老師，當局在挑戰者號出事前以她來象徵對教育的承諾，以及太空梭的安全性。

結語

科學的價值

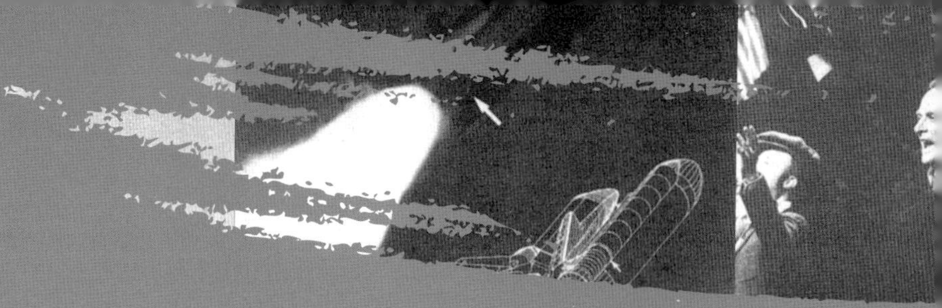

年輕時，我總認為科學是實用而完美的，
能為人類帶來一切美好的事物。
在第二次世界大戰時，我參與了原子彈的研究，
但結果卻帶來嚴重的影響：科學象徵人類的毀滅。
戰爭過後，我一直很擔心原子彈的發展，
我不知道未來會變成什麼樣子，
我甚至不很確定人們是否能活到現在。
因此內心不禁湧上一個問題：科學裡是不是有了魔鬼？
換言之，我所鍾愛的科學，我奉獻了一生的科學，
當我眼睜睜的看到它竟做了這麼可怕的事後，
科學的價值是什麼？
這是我必須回答的問題。
〈科學的價值〉*一文就是我試著回答這個問題時，
湧入心頭的一些想法彙集而成的。

*〈科學的價值〉是費曼於一九五五年在美國國家科學院秋季會議發表的公開演講，而費曼在一九八八年一月補寫了這段前言。

常有人說，科學家應該多關心社會問題，尤其應該多關心科學對社會的影響。似乎大家都認為，只要科學家肯稍稍注意一下嚴重的社會問題，別花那麼多時間在次要的科學問題上，事情就會成功。

在我看來，我們科學家其實是常常在思考這些問題的，只是沒有全心投入。原因是，我們知道自己並沒有解決社會問題的妙方，我們知道社會問題遠比科學問題困難，我們雖然思索，通常也無能為力。

我認為**科學家面臨科學以外的問題時，就如同任何其他人一般沒有創見**——他談起科學以外的事情，和其他非本行的人一樣無知。我現在要談的「科學的價值」，不是一個科學問題，所以正好可以做為例證，來證明我上述的論點。

科學的第一項價值是大家所熟悉的。有了科學知識我們可以做各種事情，製造各種東西。當然，**我們製造出的東西若是「好」的，這不只要歸功於科學，還要歸功於道德的抉擇**。有了科學知識，人可以為善，也可以為惡。科學知識本身並不指導你為善或是為惡。科學的力量有明顯的價值；雖然它可能為誤用所抵消。

在一次檀香山之旅中，我學到了表達這個尋常人性問題的另一種方法。在一座佛寺裡，住持為觀光客講解一些佛教的義理，最後他用一句佛教偈句作結，讓人永難忘懷。他說：

人生而擁有開啟天堂之門的鑰匙，但這支鑰匙也可以開啟地獄之門。

那麼，天堂之鑰的價值何在？真的，假如沒有人明白指示我們如何區分天堂之門與地獄之門，使用鑰匙就變成危險的事。

但是，鑰匙當然有用，沒有它，怎麼進入天堂？沒有鑰匙，空有指示，並無意義。所以顯然，科學雖可能為世界製造出可怕的災難，其價值卻不容否認，因為它就是能製造出東西來。

科學的另一項價值是樂趣——一種知性的樂趣，有些人在閱讀、學習和思考科學問題的過程中得到，有些人則在實際研究科學中得到。這一點很重要，那些要求我們負起社會責任的人，對此不夠了解。

這只是純屬個人的樂趣，對社會整體有沒有價值？沒有！但關心社會本身的目標，也是一種責任。我們的社會是不是應讓人們有樂趣呢？如果真是如此，則享受科學的樂趣與其他事物同等重要。

但是科學帶來的世界觀，也不容低估。科學引領我們進入各種各類的想像世界，其奇妙有趣遠勝過古往今來詩人和愛做夢的人所有的想像；這說明自然的想像力，遠非人類所能及。例如，我們人類全受到一股神祕的力量吸附在一個旋轉的大球上，其中一半的人還是腳朝上，頭朝下的，而那大球已經在空中旋轉了幾十億年之久。這樣的想像力，不知要比人類想像出來的，大家坐在象背上、象站在龜背上、龜游在無底的大海上這種說法高明多少。

我常常獨自思考這些問題，相信你們很多人也都想過，所以如果你們覺得這沒什麼新鮮，請稍微忍耐一下。這些問題，從前的人是無從想像的，因為他們沒有今天人類的資訊。

試想我單獨一人，站在海邊沉思……

洶湧的海浪，蘊含
山樣多的分子
自顧自走
千萬億個小東西，卻
堆砌成浪頭的一致

打從洪荒初闢
混沌未開之際
年復一年
驚濤反覆拍遍海岸
卻是為誰
又是為何？
這是個死寂的星球
誰能欣賞浪濤之美？

不能止息　只因
能量催動
陽光無情蒸騰　不由得
散入無垠天空
微不足道的水分子
卻能讓海洋咆哮

深海中小分子
彼此重複模仿
組合成新模樣
複製自己　於是
又是一首舞曲奏起

生物——

原子、DNA、蛋白質的團塊
變大　變複雜
舞步更交錯迷離
爬出搖籃
踏上堅實的地面
站在這兒的　已經是
有知覺的分子
會好奇的物體

海濱獨立
思索著：我——這個奇觀　是
原子組成的宇宙　也是
宇宙中的一粒原子

深入探討任何問題時，一再感受到同樣的震顫，同樣的敬畏和神祕。知識愈多，愈能領會深沉美妙的神祕，誘使我們繼續鑽研。不必擔心得不到具體答案，懷著喜悅和信心，我們翻轉每一顆石頭，都會發現想像不到的新奇東西，引發更有趣的問題、更奇妙的神祕——那絕對是偉大的探險！

的確，不懂科學的人未曾經歷過這種特殊的心靈體驗。沒有詩人為它作詩，沒有藝術家為它作畫，我不懂為什麼。難道沒有人受到宇宙之美的感動？至今沒有歌者吟唱科學的價值；所以你們今晚只好來聽這樣的一場演講，而不是欣賞對科學價值的詩歌禮讚。**科學的時代還沒有來臨！**

或許，聽不到禮讚之聲的一個原因是不知如何欣賞科學的樂章。例如，科學論文敘述：「老鼠腦中放射性磷的含量在兩星期內降至原來的一半。」這句話是什麼意思？

意思是老鼠（以及你我），此刻腦中的磷已經不是兩星期前的磷，腦中的原子不斷的更新，以前在那兒的原子現在不在了。

那麼，我們的心靈到底是什麼？這些有知覺的原子到底是什麼？是上星期吃下肚的馬鈴薯！這些原子記得我一年前心裡的想法，而我一年前的心靈早已萎謝消逝了。

一旦知道腦中的原子會在短時間內新陳代謝，我便了解，所謂個性、特徵，不過是一式圖樣或一首舞曲，原子進入腦中，舞了一曲，然後離去——新的原子不斷接替，記得昨日的舞曲，踩著相同的舞步。

我們會在報紙上讀到這樣的報導：「科學家說這項發現可能有助於找出治療癌症的方法。」報紙只對一種觀念的實際應用有興趣，而不關心概念本身。世人幾乎都看不出概念本身的重要性，只有一些孩子可能理解；而能理解類似概念的孩子，就可能成為科學家。假如要等他進了大學才學會，就太遲了，因此我們一定要努力向孩子解釋這些概念。

再談科學的第三項價值，這是比較不直接的一項。科學家常有無知、懷疑和不確定的時候，我認為這樣的經驗是非常重要的。科學家不知道問題的答案時，他感到自己無知；當他對研究結果不太篤定時，他滿心狐疑；即使他對結果很確定，他依然保留懷疑的餘地。我們知道，**自認無知，保持懷疑，是進步的最重要基礎**。科學知識中包含了種種不能確定的說法，有些非常不確定，有些大致可以確定，但沒有什麼是絕對確定的。

我們科學家對此習以為常，認為生活在不確定與無知之間是理所當然的；但我想並不是每一個人都體認到這一事實。早年的科學界充滿權威心態，我們是歷經奮鬥抗爭，才得到懷疑的自由。這場抗爭深沉又強大，我們從此可以質問，可以懷疑，可以不確定。我們絕不能忘記這場抗爭，更不能失去好不容易爭取到的權利。這也是我們對社會的責任。

想到人類的潛能如此豐厚，成就卻如此微小，我們都感到悲哀。大家總覺得應該可以做得更好。過去的人根據他們那個時代的夢魘想像未來，我們雖已是他們的未來，卻看到他們的夢想多半並未實現。我們對未來的希望，多半仍是昔人對未來的希望。

昔人以為人不能發揮潛能，那是因為多數人無知無識。今日教育普及，但能讓每一個人都成為伏爾泰嗎？學壞不比學好難，教育的力量強大，但可以行善，也可以作惡。

昔人的另一個夢想是國際間通訊可以增進了解。但是傳播工具可能受人為操縱，傳達的訊息可能是事實，也可能是謊言。通訊的力量同樣強大，但也是可善可惡。

應用科學至少應讓人不受物質問題困擾。醫藥可以控制疾病，所有的醫學研究紀錄似乎都記載著它為善的一面。可是事實上也有人想製造大瘟疫和毒藥，以備明日戰爭之用。

幾乎每一個人都討厭戰爭，我們今天的夢想是和平。和平時，人才能盡情發揮潛能。但未來的人可能發現和平有益亦有害——承平日久，人可能太無聊而酗酒，結果反而不得發揮才能。

顯然，和平一如沉著、物質力量、交換訊息、教育、誠實和夢想家的理想一般，具有大能力。我們比古人更能控制這些能力，所以也許表現得比他們好些，但與我們本應可以做到的相較，今天善惡難分的成就實在微不足道。

原因何在？為什麼我們無法征服自己？

因為我們就算擁有大能力，也不知道應如何使用。舉例言之，理解了物質世界的行為模式，只會覺得這種行為毫無意義。科學本身是無所謂是非善惡的。

自古以來，人類不斷探索生命的意義。人知道要是能找到行動的方向和意義，就能發揮人類巨大的潛能。許多人嘗試解答有關生命意義的問題，但眾說紛紜，想法不同的人往往彼此痛惡，認為對方把人類的偉大潛能誤導往一條死胡同去。事實上，正是因為人類長期以來基於錯誤的信念，而嚴重扭曲行進路線，哲學家才得以了解人的無限潛能。我們的夢想是找到一條康莊大道。

那麼，生命的意義到底是什麼？我們能解開生存之謎嗎？

把所有的知識加起來，包括古人所知以及今人的新知在內，我想我們得坦承我們不知道這問題的答案。

但承認這點，也許就找到了康莊大道。

這想法不新鮮，理性時代就有，是創造民主的先賢所遵奉的信念。他們認為沒有人知道該如何治理國家，因此想到應該設計一種體制，讓大家發揮創意，嘗試新方法，行不通就打消，再試別的。這是一種試誤系統，十八世紀末，科學界已證實此法可行。早在那時，留心社會發展的人已經看出**容許嘗試就能帶來機會**。要向未知的領域探索，必須有懷疑的自由、討論的餘地；而要想解決一個未曾解決過的問題，就得開啟通往未知的門。

我們還處於人類史的黎明階段，自然有滿手的問題待解決。但前頭有幾萬年的未來；我們的責任是盡力去做，去學習，改善做事方法，傳承下去。我們有責任不把包袱留給子孫。在莽撞幼稚的文明早期，我們有可能鑄造嚴重的錯誤，長期妨礙文明的成長；我們現在還如此年輕無知，若以為擁有答案，就可能鑄下大錯。如果我們禁止討論、禁止批評，宣稱：「各位，這就是答案，人類得救了！」那麼人類將禁錮於我們目前有限的想像力，長期受到權威的壓制。這種事情過去已經發生多次了。

身為科學家，我們深知**自承無知才能有重大進展**，**有思考的自由才能結出豐碩的果實**。我們有責任告訴大家這種自由的價值，教導世人不要怕別人質疑，反而應樂見別人提出疑問，多加切磋討論。同時，我們還要把爭取這份自由，視為對未來世世代代的責任。

科學文化 202F

你管別人怎麼想
科學奇才費曼博士

What Do You Care What Other People Think?
Further Adventures of a Curious Character

原著 — 理查・費曼 Richard P. Feynman
譯者 — 尹萍、王碧
科學天地叢書策劃群 — 林和（總策劃）、牟中原、李國偉、周成功

總編輯 — 吳佩穎
編輯顧問 — 林榮崧
責任編輯 — 林文珠
第一版責任編輯 — 鄭懷超、李怡慧
第二版責任編輯 — 林榮崧
校對 — 李承芳
封面設計 — 江儀玲
美術設計 — 黃淑雅

出版者 — 遠見天下文化出版股份有限公司
創辦人 — 高希均、王力行
遠見・天下文化・事業群 董事長 — 高希均
事業群發行人／CEO — 王力行
天下文化社長 — 林天來
天下文化總經理 — 林芳燕
國際事務開發部兼版權中心總監 — 潘欣
法律顧問 — 理律法律事務所陳長文律師
著作權顧問 — 魏啟翔律師
社址 — 台北市 104 松江路 93 巷 1 號 2 樓
讀者服務專線 — 02-2662-0012 ｜ 傳真 — 02-2662-0007, 02-2662-0009
電子郵件信箱 — cwpc@cwgv.com.tw
直接郵撥帳號 —1326703-6 號 遠見天下文化出版股份有限公司

排版廠 — 立全電腦印前排版有限公司
製版廠 — 東豪印刷事業有限公司
印刷廠 — 祥峰印刷事業有限公司
裝訂廠 — 聿成裝訂股份有限公司
登記證 — 局版台業字第 2517 號
總經銷 — 大和書報圖書股份有限公司 電話／02-8990-2588
出版日期 — 2018 年 5 月 31 日第三版第 1 次印行
2023 年 3 月 21 日第三版第 5 次印行

國家圖書館出版品預行編目 (CIP) 資料

你管別人怎麼想：科學奇才費曼博士 / 費曼 (Richard Feynman) 著；尹萍，王碧譯. -- 第三版. -- 臺北市：遠見天下文化，2018.05
面； 公分. -- (科學文化；202F)
譯自：What do you care what other people think?：further adventures of a curious character
ISBN 978-986-479-483-6(平裝)

1. 費 曼 (Feynman, Richard Phillips, 1918-1988) 2. 傳記 3. 物理學 4. 科學家

785.28 107008301

定價 — NTD450 元
書號 — BCS202F
ISBN — 978-986-479-483-6
天下文化官網 — bookzone.cwgv.com.tw

天下文化
BELIEVE IN READING